U0510634

新—悦

遇见智识与思想

失落文明系列简介

本系列丛书意图探索伟大的古文明的兴衰和古代世界人们的生活。每本书不仅涉及所述文明的历史、艺术、文化和延续至今的影响，还试图解释它们与当代生活的联系以及在当代社会中的重要意义。

该系列已出版

❶《古希腊人：在希腊大陆之外》
[英]菲利普·马特扎克（Philip Matyszak）

❷《六千零一夜：关于古埃及的知识考古》
[英]克里斯蒂娜·里格斯（Christina Riggs）

❸《从历史到传说：被“定义”的哥特》
[英]戴维·M.格温（David M.Gwynn）

❹《携带黄金鱼子酱的居鲁士：波斯帝国及其遗产》
[英]乔弗里·帕克（Geoffrey Parker）
[英]布兰达·帕克（Brenda Parker）

❺《蛮族世界的拼图：欧洲史前居民百科全书》
[波]彼得·柏伽基（Peter Bogucki）

❻《众神降临之前：在沉默中重现的印度河文明》
[英]安德鲁·鲁宾逊（Andrew Robinson）

❼《鸵鸟蛋、黑陶与铜肝：神秘的伊特鲁里亚人》
[英]露西·希普利（Lucy Shipley）

❽《楔形传说：被“建构”的苏美尔》
[英]保罗·柯林斯（Paul Collins）

❾《“世界”之战：墨西哥的阿兹特克往事》
[美]弗朗西斯·伯丹（Frances F. Berdan）

❿《十字架上的玉米神：关于玛雅的历史叙事》
[美]梅根·E.奥尼尔（Megan E. O'Neil）

⓫《马丘比丘的回声：印加文明的前世今生》
[英]凯文·莱恩（Kevin Lane）

THE INCA

Kevin Lane

马丘比丘的回声

印加文明的前世今生

[英]凯文·莱恩 著

唐建清 译 龙啸 审校

中国社会科学出版社

审图号：GS（2024）5149 号
图字：01-2022-3972 号
图书在版编目（CIP）数据

马丘比丘的回声 ：印加文明的前世今生 /（英）凯文·莱恩著 ；唐建清译. -- 北京 ：中国社会科学出版社，2025. 3. --（鼓楼新悦）. -- ISBN 978-7-5227-4700-2

Ⅰ. K778. 2

中国国家版本馆 CIP 数据核字第 2025EK1019 号

出 版 人　赵剑英
项目统筹　侯苗苗
责任编辑　侯苗苗　兰钧雯
责任校对　王佳玉
责任印制　郝美娜

出　　版　中国社会科学出版社
社　　址　北京鼓楼西大街甲 158 号
邮　　编　100720
网　　址　http://www. csspw. cn
发 行 部　010-84083685
门 市 部　010-84029450
经　　销　新华书店及其他书店

印刷装订　北京君升印刷有限公司
版　　次　2025 年 3 月第 1 版
印　　次　2025 年 3 月第 1 次印刷

开　　本　880×1230　1/32
印　　张　9. 5
字　　数　191 千字
定　　价　89. 00 元

目　录

图 1　印加女子， 1400—1533 年，金银合金雕像

大事年谱

约公元前 13500 年	美洲最早出现人类
约公元前 12500 年	人类首次占据南美洲智利蒙特韦尔德
约公元前 11000 年	人类在安第斯山脉定居
约公元前 8000 年	最早对南美洲植物的驯化，其中棉花和葫芦用于渔网和鱼漂
约公元前 4700 年	安第斯山脉中部最古老的玉米种植
约公元前 4500—前 3150 年	块茎植物、藜麦和羽扇豆的驯化
约公元前 3500 年	安第斯山脉中部骆驼科动物的驯化，可能首先是羊驼，然后是美洲驼
公元前 3000—前 1800 年	前陶器时代晚期或初始期——海岸（诺特奇柯或小北文明）和高地（科托什宗教传统）以捕鱼、早期农耕及放牧为基础的文化兴盛
公元前 1200—前 200 年	早同一期——查文及相关文化（帕拉卡斯、丘比斯尼克）的崛起

公元前 200 年—公元 600 年	早中间期——早期国家社会（莫切人）和区域政治实体的出现，包括纳斯卡、卡哈马卡和雷奈伊
公元 600—1000 年	中同一期——最早的安第斯帝国，瓦里和蒂亚瓦纳科
公元 1000—1450 年	晚中间期——沿海王国的崛起，包括奇穆和伊克马，以及高地的巴尔干化而形成的众多小型酋邦
公元 1250—1450 年	高地山顶上具有防御功能的聚落增加
公元 1000—1200 年	前印加时期基尔克阶段的库斯科地区
公元 1200—1400 年	印加文明早期的库斯科地区
公元 1400—1532 年	印加帝国的扩张、巩固和瓦解
公元 1450—1532 年	晚同一期——印加帝国的鼎盛期
公元 1438 年	帕恰库特·印加·尤潘基成为第九代萨帕印加（约翰·罗年表——RC），公元 1400 年（米恩斯年表——MC）。他率帝国将军及其继承人托帕·印加·尤潘基一起将印加帝国的疆域扩张到秘鲁北部和厄瓜多尔（钦察苏尤）

公元 1471 年	帕恰库特·印加·尤潘基之死。托帕·印加·尤潘基成为第十代萨帕印加（RC），公元 1448 年（MC）。托帕·印加·尤潘基巩固了在科利亚苏尤和钦察苏尤的帝国利益，并将帝国扩张到东部的安提苏尤
公元 1493 年	托帕·印加·尤潘基之死。瓦伊纳·卡帕克成为第十一代萨帕印加（RC），公元 1482 年（MC）。帝国得到进一步巩固，向安提苏尤东部和钦察苏尤北部进行小规模的扩张，一直延伸到今天的哥伦比亚
公元 1524—1525 年	安第斯山脉首次暴发天花疫情
公元 1525 年	瓦伊纳·卡帕克之死。他指定的继承人尼南·库尤奇也去世，另一个儿子瓦斯卡尔成为第十二代萨帕印加
公元 1529—1532 年	瓦斯卡尔和阿塔瓦尔帕之间的印加内战
公元 1532—1615 年	早期西班牙殖民时期——1615 年恰逢费利佩·瓜曼·波马·德·阿亚拉向西班牙国王腓力三世献上他的《新编年史与

	善政》
公元 1532 年	瓦斯卡尔战败，阿塔瓦尔帕成为第十三代萨帕印加。按照阿塔瓦尔帕的命令，瓦斯卡尔被处决。弗朗西斯科·皮萨罗在秘鲁北部登陆，前往卡哈马卡，抓获了阿塔瓦尔帕
公元 1533 年	阿塔瓦尔帕根据弗朗西斯科·皮萨罗的命令被处决；图帕克·瓦尔帕成为第一个西班牙人的傀儡印加，他在与西班牙人一起前往库斯科的途中去世（可能被他的印加对手下毒致死）。曼科·印加成为第二个西班牙人的傀儡印加
公元 1535 年	迭戈·德·阿尔马格罗和保柳·印加一起出发前往科利亚苏尤进行军情调查。曼科·印加反叛西班牙，包围利马和库斯科
公元 1536—1537 年	曼科·印加第一次叛乱结束后，新的印加王国在比尔卡班巴建立
公元 1537 年	保柳·印加受洗成为克里斯托瓦尔，

	是西班牙人的第三个傀儡印加
公元 1537—1539 年	曼科·印加发动第二次叛乱，撤退至比尔卡班巴
公元 1544 年	曼科·印加在比尔卡班巴被西班牙叛军暗杀。他的儿子，塞里·图帕克，成为比尔卡班巴的第二代萨帕印加
公元 1545 年	在波托西发现银矿
公元 1549 年	克里斯托瓦尔·保柳·印加去世，他是西班牙在库斯科的最后一个傀儡印加
公元 1557 年	塞里·图帕克离开比尔卡班巴，前往库斯科居住
公元 1559 年	在万卡韦利卡发现水银
公元 1560 年	塞里·图帕克在库斯科去世。提图·库西·尤潘基成为第三代比尔卡班巴的萨帕印加
公元 1569 年	弗朗西斯科·德·托莱多，奥罗佩萨伯爵，成为秘鲁总督
公元 1570 年	提图·库西·尤潘基向马丁·潘多讲述《西班牙人如何抵达秘鲁的历史》

公元 1571 年	提图·库西·尤潘基去世。图帕克·阿马鲁成为第四代，也是最后一代比尔卡班巴的萨帕印加
公元 1572 年	弗朗西斯科·德·托莱多率军队袭击比尔卡班巴。图帕克·阿马鲁被击败并在库斯科被处决
公元 1564—1572 年	在安第斯山脉中部，塔基·翁戈伊展开复兴千禧年主义的运动
公元 1610 年	梅尔乔·卡洛斯·印加去世，他是克里斯托瓦尔·保柳印加的最后一个合法孙辈
公元 1780—1782 年	在何塞·加夫列尔·图帕克·阿玛鲁、图帕克·卡塔里和托马斯·卡塔里以及迭戈·克里斯托瓦尔·孔多尔坎奇·卡斯特罗·图帕克·阿马鲁的领导下，秘鲁和玻利维亚高地的原住民发生叛乱
公元 1816 年	印加人计划在图库曼大会上任命一位印加人为南美洲联合省（后来称作拉普拉塔联合省，包括现在的阿根廷、

	乌拉圭、玻利维亚以及巴西、智利和秘鲁的部分地区）的国王
公元 1847 年	威廉·希克林·普雷斯科特出版《秘鲁征服史》，重新唤起公众对印加文明的兴趣
公元 1911 年	海勒姆·宾厄姆三世带领美国国家地理学会远征秘鲁探险。当地向导梅尔乔·阿特亚加带他来到马丘比丘
公元 1972 年	库斯科城被联合国教科文组织列为世界文化遗产
公元 1983 年	马丘比丘遗址被联合国教科文组织列为世界文化遗产
公元 2014 年	印加道路系统被联合国教科文组织列为世界文化遗产

前　言

安第斯诸国的考古学是一门活的科学，它不仅与过去有关，而且与现在及未来有关。

——菲利普·安斯沃思·米恩斯（Philip Ainsworth Means），

《安第斯古代文明》（*Ancient Civilizations of the Andes*）

在关于“失落文明”系列丛书中，我们不得不问自己：印加文明到底是怎样失落的？提出这个问题的原因很简单。许多其他古代文明，如古埃及、美索不达米亚或古印度文明，在遥远的过去就消失了，但印加文明则是在我们的历史时段内崩溃的。研究表明，现代时期（the modern era）始于15世纪，伴随着欧洲文艺复兴和地理大发现时代（the Age of Discovery）的到来，到1492年，欧洲人发现了美洲，迎来了第一个真正相互联系的全球化世界，尽管这个世界建立在殖民、剥削和掠夺的基础上。相比之下，印加帝国的最后一个残余政权——比尔卡班巴（Vilcabamba）——栖息在前印加帝国郁郁葱葱的东部低地雨林中，最终在1572年被打败。它的最后一个独立的统治者图帕克·阿马鲁（Túpac Amaru），最后一位萨帕印加（sapa Inca）——sapa Inca 为盖丘亚语[1]，意为“独一无二的印加”[2]——在西班牙总督弗朗西斯科·德·托莱多[3]的命令下，同年在库斯科（Cuzco）——曾经的帝国都城——的中心广场被公开斩首。但是，有关印加帝国及其人民的具体知识，在16世纪和17世纪早期的毁灭和混乱之后依然存在。

四百多年前，印加帝国消失了；它在这一历史时期的消亡意味着，在这片土地上，仍然可以找到与安第斯山脉过去的文明直接和间接的联系。在秘鲁和玻利维亚——印加帝国的核心地区——尤其如此，原住民仍然占人口的50%以上，印加帝国的两种主要语言——盖丘亚语和艾马拉语（Aymara）仍广泛使用。除了语言，这片土地上的传统、信仰和世界观都可以追溯到欧洲人到来之前的本土文化，并与印加文明联系在一起。在本书中，我们要分析的正是这一点：唤醒印加文明的过去，同时深入研究它对前印加帝国版图，特别是秘鲁的现在和未来的影响。

事实上，对秘鲁政府来说，印加已经成为一个有用的民族主义比喻。这一比喻至少对21世纪秘鲁总统亚历杭德罗·托莱多[4]和

[1] Quechua，南美印第安人的一个分支。——译者注

[2] unique Inca，即印加至尊，印加之王。——译者注

[3] Francisco de Toledo，1515—1582年。

[4] Alejandro Toledo，2001—2006年在任。

奥兰塔·乌马拉[1]起到了帮助作用。除了古老的殖民地克里奥尔人[2]精英，这些总统通过挖掘他们国家的原住民历史，特别是印加人的历史，来获得民众的认可和执政合法性。2001年7月，亚历杭德罗·托莱多就任秘鲁第一位原住民总统，并在雄伟壮观的马丘比丘（Machu Picchu）举行了就职典礼，马丘比丘是著名的古印加城市和现代世界文化遗产，坐落在古印加帝国的心脏地带——神圣山谷（Sacred Valley）[3]。如此，托莱多总统既直接提到他的本土根源，也强调他的政府与印加帝国在精神和物质上的联系。

这种对理想化的印加历史的回溯并非现代现象。到16世纪末，早期的本土史学家，如印加·加西拉索·德·拉·维加[4]，特别是费利佩·瓜曼·波马·德·阿亚拉[5]，他们怀念帝国的美德，怀念所谓的“印加和平”（*Pax Incaica*），或者说印加人强加给冲突不断的安第斯山脉的和平。后来，在18世纪，原住民叛军领袖，如胡利安·阿帕萨·尼娜[6]和何塞·加夫列尔·孔多尔坎奇[7]分

---

[1] Ollanta Humala，2011—2016年在任。

[2] Creole，指出生于美洲而双亲是西班牙或者葡萄牙人的白种人，有别于生于西班牙而迁往美洲的白人移民。——译者注

[3] 指安第斯山脉中一片长逾100千米的雪山环绕的河谷地带，坐落在马丘比丘和库斯科之间。——译者注

[4] Inca Garcilaso de la Vega，1539—1616年。

[5] Felipe Guaman Poma de Ayala，约1535—1616年。

[6] Julián Apaza Nina，1750—1781年。

[7] José Gabriel Condorcanqui，1738—1781年。

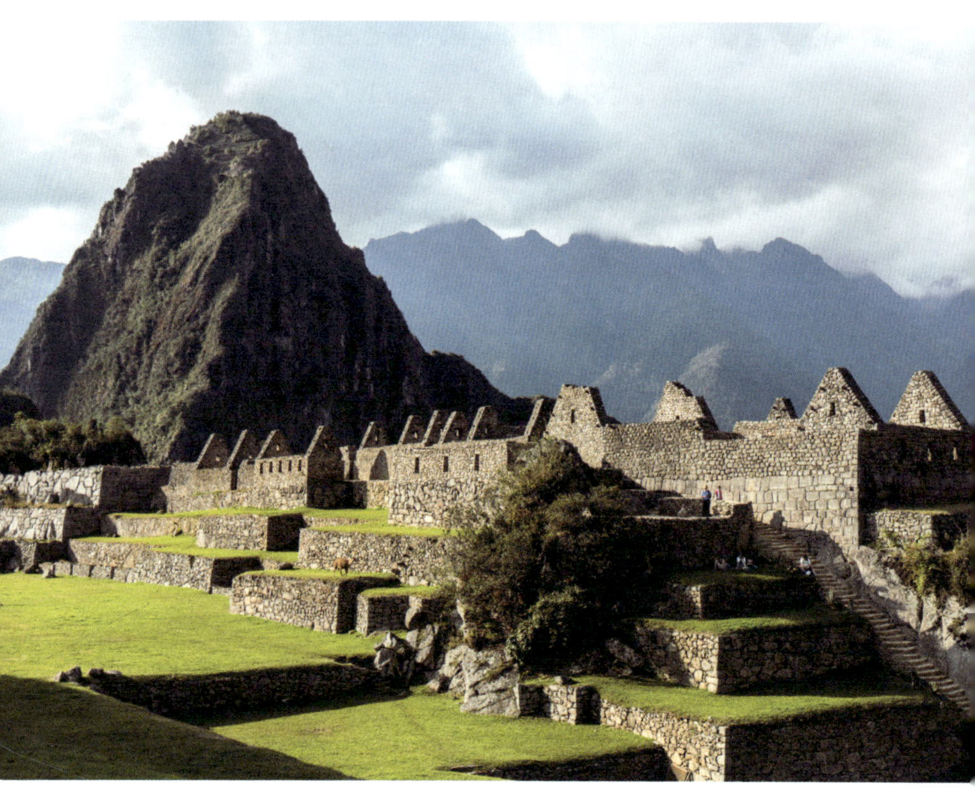

图 2　马丘比丘，印加城堡

别采用了图帕克·卡塔里（Túpac Catari）和图帕克·阿马鲁二世（Túpac Amaru Ⅱ）的头衔，两者都直接指向与最后一位独立的印加统治者图帕克·阿马鲁一世（Túpac Amaru Ⅰ）的联系。图帕克·阿马鲁二世，像他的同名祖先一样，也在库斯科的中心广场被处死。

即使在商业或文化层面上，印加元素仍然无处不在。秘鲁的国民饮料称为印加可乐（Inca Cola），这是一种柠檬马鞭草或香茅（*Aloysia citrodora*）及大量气泡的荧光黄色混合物，味道很甜。除了苏格兰（拥有民族饮料 Irn-Bru），秘鲁是唯一一个可口可乐没有成为最畅销软饮的国家。乡村社区和文化复兴运动致力于使他们国家的原住民历史和印加文明在（当）代南美文化中产生共鸣，从艾马拉语和盖丘亚语等持续存在的原住民语言，到印加宗教日历中庆祝特定时刻的仪式——如印加人的太阳节（Inti Raymi），再到安第斯地区对帕查玛玛[1]的普遍崇拜。

有些文化表达是纯粹的发明创造，这种发明出来的印加物质文化被用来为现代身份进行政治辩护。一个恰当的例子是所谓的印加旗帜：威帕拉[2]。这种马赛克式的彩虹图案越来越多地被原住民群体和其他人用作自我认同的标志。特别是厄瓜多尔的“帕恰库提克多民族新国家团结运动”（Movimiento de Unidad Plurinacional Pachakutik-Nuevo País）使用该旗帜作为标志，运动名称中的“帕恰库提克”暗示了第九代印加统治者帕恰库特·印加·尤潘基[3]，传统上属于库斯科王朝血统。然而，威帕拉旗似乎是一个相对现代的发明，就像苏格兰人对格子呢的使用一样，此旗最有可能追溯到 20 世纪中期。

---

[1] Pachamama，大地女神。
[2] wiphala，一种七色方格旗。——译者注
[3] Pachacutec Inca Yupanqui，1418—1472 年。

图 3　库拉苏尤的威帕拉旗，阿根廷布宜诺斯艾利斯国会大厦

所有这些挪用的、半真半假的说法和神话在当地居民和政府中传播了印加人的理想，并作为对过去的提醒，同时也为恢复当前原住民的权利提供了理由。显然，这种情况在世界各地都在发生：比

如希腊与北马其顿共和国之间关于亚历山大大帝[1]遗产权利的意识形态斗争。然而，安第斯地区一个重要的区别在于，原始族群的后代今天仍然和我们在一起，与他们的祖先之间只差五百年，而不是几千年。他们生活在相同的地区，共享同一种世界观——无论被怎样削弱——这种世界观将二者与同样的过去直接联系起来。

继“印加文明到底是怎样失落的？”这一问题后，随之而来的是更深层次的疑问，也是本书的核心：为什么是印加文明？为什么是他们成为南美洲文明的顶峰？什么因素注定了他们的荣耀，而一旦获得了权力，他们又是如何维持的？事实上，许多迷恋过去的旅行者和现在的游客一样，在领略安第斯中部高地极端的气候、海拔和景观时想知道，在这片严酷且贫瘠的土地上，谁能勉强维持生计，更不用说建立一个帝国了。然而事实是，印加帝国的核心区域曾是瓦里帝国（Wari）和蒂亚瓦纳科帝国（Tiahuanaco）的所在地，分别位于今天的秘鲁南部和玻利维亚北部，甚至更早的时候，秘鲁北部高地是传播广泛的查文[2]崇拜的发源地。事实上，虽然安第斯山脉中部的沿海地区是同样壮观的前西班牙文明的发源地，如纳斯卡（Nazca）、莫切（Moche）和奇穆（Chimor），但在安第斯山脉

[1] Alexander the Great，前356—前323年，作为马其顿王国国王，曾率军征服希腊和埃及。——译者注

[2] Chavín，属于早期古印加文文，约公元前2007—前900年繁荣于秘鲁北部和中部。——译者注

向外扩张的帝国始终位于高地地区。沿海文化倾向于停留在海岸地区，只短暂地进入高地；相反地，高地的查文、瓦里、蒂亚瓦纳科和印加诸帝国从沿海地区一直延伸到热带森林。

在现代安第斯高原看到荒凉和贫困的旅行者及游客没有意识到这一地区蕴藏着无限的财富和巨大的潜力。它的活力和多样性基于从海岸到高地、从山间峡谷到亚马孙丛林边缘的不同生态环境的丰厚的经济资源（在某些地区，不到250千米就能从太平洋沿岸直达亚马孙河流域）。这些构成了美洲有史以来最大的本土帝国的生产支柱。在鼎盛时期，印加帝国沿着海岸和安第斯山脉的中央山脊，从哥伦比亚南部一直延伸到智利和阿根廷西北部，向东延伸到亚马孙盆地（Amazon Basin）。帝国人口可能超过1500万，帝国内遍布城市、道路、庙宇，有贵族和行政人员，专业的常备军队也开始出现，这个青铜时代[1]帝国的复杂性和规模令人难以置信。

印加帝国起源于秘鲁南部高地的库斯科地区，面积超过200万平方千米。然而在其存在的时间里，它几乎因丛林、山脉和南太平洋而与其他主要文化隔绝，以至于印加文明，甚至南美洲文明，很大程度上独立于外界的影响——类似于中美洲地区——而发生，从而发展出了一种独特的南美洲世界观和行为方式。例如，印加人的

[1] Bronze Age，指青铜器在人类生活中占据重要地位的时期，世界各地进入这一时代有早有晚，美洲将近公元11世纪才进入这一时代。——译者注

特点是从他们以奇普[1]为基础的“书写”，延伸到几乎完全没有流通货币，以及高度信奉万物有灵论的地方和国家宗教。

在本书中，我们要在南美洲的生态和地理框架内探索印加文化、社会和经济的发展，以及印加帝国是如何在15世纪崛起并统治南美洲西部的。我们将关注他们的神话、历史和信仰，以及即使在帝国崩溃之后，有关他们的记忆如何激励了16世纪到21世纪的几代人。最后，我们要思考印加文明的持续影响：这种影响对整个安第斯地区的人们仍然非常重要。

[1] *quipu*，一种结绳记事的方式。——译者注

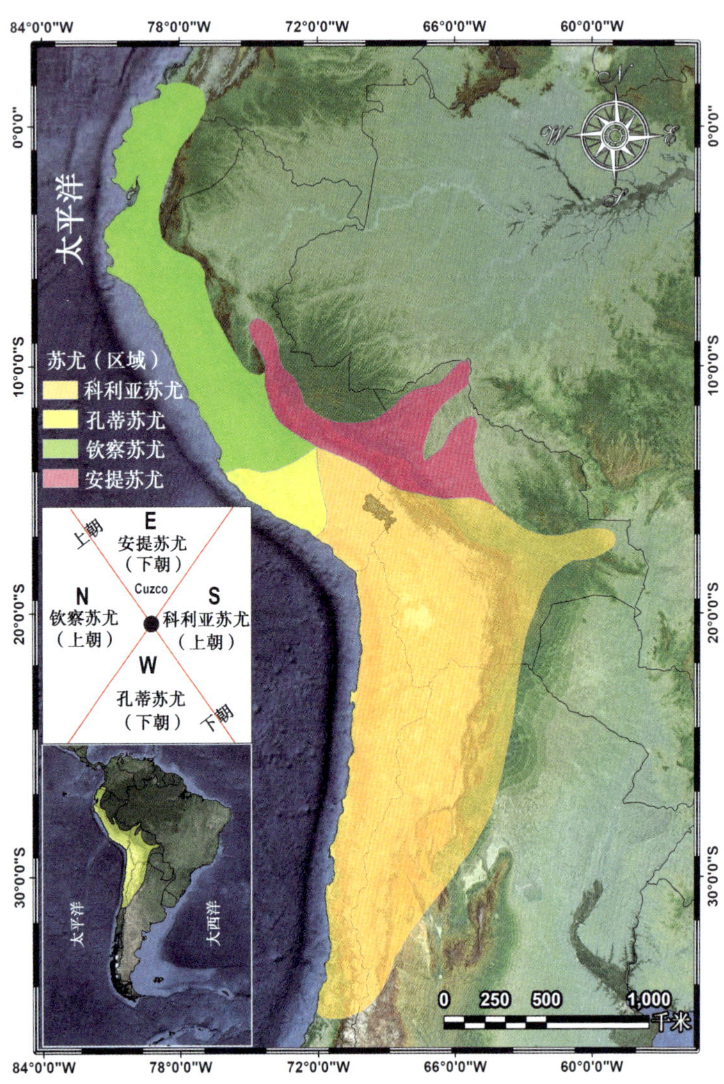

地图 1　印加帝国（“四方之地”）地图

注：本书地图系原书插附地图。

第1章 塔万廷苏尤：印加之地

我的结论是，西印度群岛与世界上其他地方的延续，至少是那些最接近的地方的延续，一直是人们在西印度群岛定居的最重要和最真实的原因。

——何塞·德·阿科斯塔（José de Acosta），《西印第安自然和道德史》（*Historca Natural y Moral de Indias*）（1590）

塔万廷苏尤[1]是印加王国的名字，由四个独立的区域——北边的钦察苏尤（Chinchaysuyu）、东边的安提苏尤（Antisuyu）、南边的科利亚苏尤（Collasuyu）和西边的孔蒂苏尤（Cuntinsuyu）组成，首都库斯科位于中心。王国名称以中缀-ntin为轴心，意思是“紧密联系在一起的”王国，也可以翻译成“四块紧密相连的土地”。

印加国王是塔万廷苏尤地区的领主，在西班牙人于1532年到来之前，他们是安第斯地区最后一个完全本土的国家的统治者。尽管早在征服墨西哥（1519—1521年）之后就有新黄金国（*El Dorado*）或“黄金之城”（city of gold）的传言，但欧洲人又过了十年才到达安第斯山脉地区。欧洲人在该地区的发现，从财富到人口规模，再到居民使用的技术，这一切都令他们感到惊叹。安第斯地区

[1] Tahuantinsuyu，意为“四方之地”。——译者注

有一万多年几乎独立的文化发展，它是为数不多的“人类摇篮”之一，在这个区域，文明的兴起完全源于本土。这一荣誉只有埃及、美索不达米亚、印度、中国、墨西哥，可能还有西部非洲能够共享。印加文明如此独特，以至于已故的人类学家和人种史学家约翰·V. 默拉[1]创造了“*lo Andino*”（安第斯）一词，来解释他所认为的一种本质上属于安第斯人的思维、创造和行为方式。

由于安第斯山脉地区独特的生态和环境，数千年的与世隔绝造就了一种非常独特的文明。本章将通过简要概述从人类到达南美大陆到印加帝国出现这一时间段内安第斯文明的发展，以此展示印加时代之前的民众生活，以及他们的环境和经济。在这一章，我们将详述安第斯山脉的特殊性，从极端多样的环境——在一个东西紧凑的地带分布着南太平洋、沿海沙漠、郁郁葱葱的河岸和山脉中的峡谷、高海拔苔原和丛林等景观——到伴随而来的丰富的生态。例如，世界上大约 2/3 的两栖动物是南美洲特有的，世界上 1/3 的鸟类、几乎一半的爬行动物和 1/3 的鱼类也生活在这里。

为了更好地理解印加，我们必须深入研究印加的过去，并了解使他们在 15 世纪中后期成为南美强国的背景。正如耶稣会[2]学者

[1] John V. Murra，1916—2006 年。
[2] Jesuit，天主教主要修会之。——译者注

何塞·德·阿科斯塔[1]在本章题言中正确地推测的那样——在欧洲人由丹麦探险家维特斯·约纳森·白令[2]勘察白令海峡（Bering Strait）的一百多年前——人类最初对美洲的殖民是从亚洲大陆开始的，之后穿过现在的白令海（Bering Sea），进入阿拉斯加（Alaska），然后进入更广袤的美洲大陆。最近的遗传学研究表明，美洲的原住民是东亚人的直接后裔，东亚人经历了一些更早的古代欧亚大陆的基因流动。这些人向东移动，然后向南穿过这片新大陆。

人们普遍接受的美洲人类定居的最早日期表明，这一事件发生在大约15500年前，在末次冰盛期[3]，当时白令海峡可能充当了大陆桥的作用，在学术文献中称为白令陆桥（Beringia）。关于美洲最早的人类如何出现的多种理论，围绕着两条主要的殖民路线：第一种是大型动物的狩猎采集者，他们穿越北美北部两个冰川之间的无冰走廊；第二种是捕鱼采集者的海上路线，他们沿着太平洋海岸跟随鱼群和海洋哺乳动物向南迁徙。同样可以确定的是，他们带来了驯养的狗用于打猎，也可能用作食物。南美洲最初的殖民化很可能是由这些在沿海地区的渔民—猎人群体发起的，时间在公元前

[1] José de Acosta，1539—1600年。
[2] Vitus Jonassen Bering，1681—1741年。
[3] Last Glacial Maximum，公元前24500—前12500年。

12500 年、位于智利南部的蒙特韦尔德遗址（Monteverde）即充分证明了他们的出现。从这些不寻常的起点开始，人类迅速地在南美大陆的其他地方定居，大约在 11000 年前，安第斯的高山地区开始有人居住。一旦安第斯山脉出现了聚落，人类就几乎占领了整个安第斯地区。最近关于较晚时期的太平洋民族（约公元 1200 年）基因流动的初步证据可能表明，西班牙人到来之前的南美洲并不总是像早期研究所假设的那样孤立。

传统上，混合使用本土术语和生态分类，安第斯中部地区从西到东划分为八个独立的生态区：沿海（coast/*chala*）、谷地（*yunga*）、高地（*quechua*）、丘陵（*suni*）、高山冻原（*puna*）、平原（*jalka*）、高乔林（upper forest/*rupa-rupa*）和低乔林（lower forest/*omagua*）——最后两个生态区是亚马孙雨林的前身。沿海地区（海拔 0—500 米）占据了丰富的太平洋海岸渔业资源和同样富饶的河流冲积平原，这些河流和溪流的水来自安第斯山脉。这个沿海地区相当狭窄，周围是一片干燥、灌木丛生、布满低矮山丘（*lomas*）的沙漠，沙漠中常年开花，因为有丰沛而潮湿的海雾，这种浓厚的海雾名为 *garúa*。除了海洋资源，这一地区还适合种植早期培育的农作物，如棉花、葫芦、南瓜和玉米，以及后来驯化的植物包括水果、蔬菜和豆类。

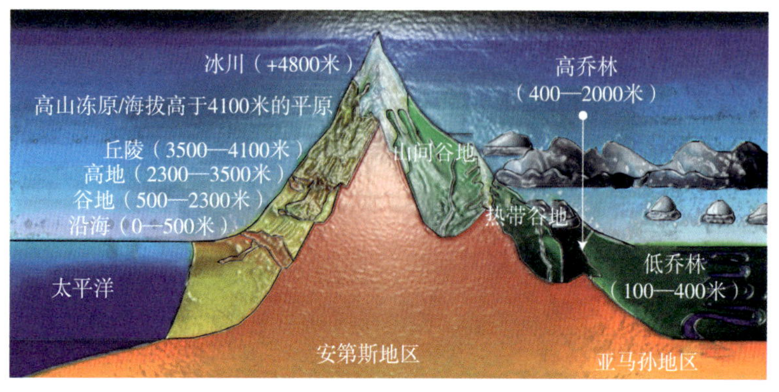

图4　安第斯中部生态区，选自哈维尔·普尔加·维达尔《秘鲁地理：八个自然区域》(1967)

在内陆更远的地方，亚热带湿润的谷地位于海拔500—2300米之处，分布在安第斯山脉的两个不同地点：在沿海地区（沿海谷地）上方，以及在东部与高乔林热带森林（河谷）接壤之处。这是一个特别多产的地区，是药古柯（*Erythroxylum coca*）种植的主要地区，也是多种水果和蔬菜的主要产地，包括玉米、甘薯和辣椒。在谷地之上是高地（海拔2300—3500米）。这是高地上主要的，也是海拔上最后一个以农业为主的区域，是种植豆类、玉米和土豆的重要地区。土豆（*Solanum tuberosum*）是高地人的主食，对保证高地——安第斯中部——文明的生存至关重要。在安第斯山脉的更高处是海拔3500—4100米的丘陵/平原生态区。这代表着农业高地和以安第斯山脉高产农业区为特征的畜牧业高山冻原之间的过渡性混合经济区，也是安第斯地区最高产的农业区。在丘陵/平原生态区，由于高温波动和地面霜冻，农业生产越来越困难，因而这里的景观中树木矮小，灌木覆盖稀疏。然而，在这个海拔上确实生长着耐寒的作物，包括苦土豆（bitter potato）、藜麦（quinoa）、卡纳瓦（cañihua）、羽扇豆（tarhui）、块茎酢浆草（oca）和块根落葵（olluco）。

高山冻原位于雪线以上 4100 米，充分代表了最后一个多产的生态区域。这是一个夜间结霜、昼夜温差极大的地区。除了短而坚韧的草外，没有什么能够生长在这一地区，这些草是生活在这片贫瘠土地上的动物的食物来源。在 1532 年西班牙人殖民之前，高山冻原是传统上放牧羊驼和美洲驼以及狩猎原驼和骆马的地方。尽管这个地区天气寒冷而环境恶劣，但它是安第斯山脉主要的动物饲养区。骆驼科动物是前西班牙时期安第斯山脉的重要资源，对安第斯文明而言至关重要。安第斯山脉的高地帝国——瓦里帝国、蒂亚瓦纳科帝国和印加帝国——得以成功扩张要归功于骆驼科动物的力量，尤其是作为畜力的美洲驼。如今，欧洲动物的引入意味着本地骆驼科动物的数量急剧减少，而且该地区还被用于饲养山羊、绵羊、牛、马和驴。高山冻原之上是安第斯山脉的冰川：这是覆盖在安第斯山脉中部广袤的冰雪世界。安第斯中部地区由三组山脉组成：一组紧邻太平洋沿岸地区，一组中央山脉是整个安第斯山脉的主峰，另一组位于亚马孙丛林边缘。在这些山脉中，只有中央山脉大部分被冰川覆盖。

再往东是安第斯山脉中部最后两个公认的生态区，高乔林（*rupa-rupa*）和低乔林（*omagua*）。这些区域基本上是亚马孙河的起点，包括一片稠密、潮湿的云雾森林，充满了奇异的动植物。虽然西班牙人到来之前安第斯文化与这片森林地带有所互通，但似乎很少有高地群落对这些地区进行永久性的渗透或殖民——包括印加人。在这个多样化的环境中，这个生态群岛的浓缩性是惊人的。在秘鲁北部，海岸和丛林之间的距离只有 250 千米，而在最宽的地方，南部的的的喀喀湖（Lake Titicaca）周围，宽度最多也不过是这个距离的两倍而已。

虽然印加人是安第斯中部的一个部族，他们的文化圈却在扩展，向北可到今天的哥伦比亚，向南则可到阿根廷和智利。本质上，印加帝国的版图沿着前西班牙时期玉米农业的边界分布，更重要的是，这也是当时骆驼科动物的最大放牧范围。尽管我们稍后会详细讨论这个问题，但需要注意的是，美洲驼是前西班牙时期安第斯山脉地区主要的驮兽，因此也是印加帝国扩张的重要工具。在安第斯中央山脉的北部和南部，上述八个生态区略有不同。向北，高山冻原逐渐消失，变成厄瓜多尔和哥伦比亚的荒原（*páramo*）。这片荒原是个寒冷、潮湿的生态区，生产力低，但植物密度高且种类多样。它也代表了前西班牙时期骆驼科动物放牧的一个难以克服的障碍，因此印加帝国的势力很可能扩张到了这里。

在南部，高山冻原发生了巨大的变化，随着安第斯山脉向远离热带地区之处延伸，高山冻原变得越来越干燥，海拔越来越低，以至于在阿根廷西北部，高山冻原位于海拔 3200 米以上的地区。随着安第斯山脉向南变得更宽，高山冻原地区也变得更大、更连片，形成了一系列的高原——高海拔的平原——其中最重要的一个高原位于的的喀喀湖周围，横跨如今玻利维亚和秘鲁的边界。位于玻利维亚南部、智利北部和阿根廷西北部的高山冻原沙漠，其中灌木矮小，植物稀少，呈现出荒凉和贫瘠的景观，然而，它们为前西班牙时期的羊驼商队和成功的农业和畜牧业的混合经济提供了合适的环境。

虽然人类在公元前 11000 年前后就在这些生态区的范围内建立了殖民地，但植物驯化的第一次尝试在太平洋海岸和亚马孙热带雨林地区的出现却要晚得多（约公元前 8000 年），特别是两个地区的谷地生态区。新兴文明的一个焦点是被称为诺特奇柯（Norte Chico）或小北文明的地区，它覆盖了苏佩（Supe）、瓦拉（Huara）、帕蒂维尔卡（Pativilca）和福塔莱萨山谷（Fortaleza）的海岸生态区。这里出现了第一个复杂社会，有大型建筑和紧凑的居民区。也许这些早期遗址中最令人印象深刻的是位于内陆的卡拉尔（Caral），它占地 0.66 平方千米，包括广场、下沉的圆形仪式性建筑和七层阶梯式金字塔或平台式土墩。

图 5　秘鲁卡拉尔—苏佩的土墩平台

值得注意的是，这些早期遗址（公元前 3000—前 1200 年）——尤其是沿海地区，如阿斯佩罗（Aspero）、班杜里亚（Bandurria）和瓦里坎加（Huaricanga）等——未发现任何陶器，而在世界上许多地方，如地中海东部沿岸地区，陶器被视为植物驯化过程中的重要储藏容器。相反，这些地区的经济似乎集中于开发太平洋海岸丰富的海洋资源。这促使考古学家迈克尔·莫斯利（Michael Moseley）在 1975 年提出关于安第斯文明发展的“海洋假说”，这一假说认为早期的社会复杂化是建立在成功捕获和消费大量海洋产品的基础上的。尽管这一理论现在已部分被推翻——更合理的观点是沿海和内陆地区通过渔业和农业的结合同时发展——但在这一海洋资源异常丰富的丰富的区域，人们主要捕捞凤尾鱼、沙丁鱼和贝类，这可能为驯化棉花（*Gossypium barbadense*，即海岛棉）用于制作渔网，或为将葫芦（*Lagenaria siceraria*）用作浮子和容器提供了动力。考古出土的棉花和葫芦等遗存表明，它们在太平洋沿岸地区被驯化，早期证据表明它们分别在厄瓜多尔的瓜亚基尔湾（Gulf of Guayaquil）和秘鲁中北部海岸被驯化。除了这些实用的驯化植物，我们还发现了早期农业的证据，包括南瓜、豆类、辣椒和水果，如番石榴、鳄梨和蛋黄果，以及低地块茎植物，如甘薯。综上所述，所有这些物产为太平洋沿岸社会复杂性和文明的成功出现提供了必要的条件。

在高地，文明的形成过程则并不相同。当时安第斯山脉中北部的科托什宗教传统[1]影响较小，以带有壁龛和通过水平烟道通风的中央灶台的小型独立建筑为特色。在海岸地区也有与这种通风的房间类似的建筑，这表明高地在这一时期有一套信仰和仪式，与沿海地区，如卡拉尔（苏佩谷地）、拉加尔加达（桑塔谷地）和华伊努纳（卡斯马谷地）等遗址有共同之处。

有趣的是，在高地首次出现的有组织的宗教活动，与在更远的南方地区对骆驼科动物的驯化是同时发生的。驯化的南美骆驼科动物——美洲驼和羊驼——大约在公元前 3500—前 3000 年已经出现

[1] Kotosh Religious Tradition，主要指一种宗教建筑风格，公元前 3000—前 1800 年。

在安第斯中南部高原的胡宁（Junín）和阿亚库乔（Ayacucho）地区，尽管有可能在阿根廷西北部和智利北部同时出现了独立的美洲驼驯化中心。在前西班牙时期，这些骆驼科动物和它们的野生近亲——原驼和骆马——以及鹿，是南美洲人饮食中肉类蛋白质的主要来源。安第斯高原的动物驯化可能与植物驯化同时发生，导致大约在公元前4500—前3150年，块茎植物、藜麦和羽扇豆的栽培与骆驼科动物一起出现。

动植物在安第斯山脉中部的驯化，为所谓的初始期[1]文化的进一步发展奠定了基础。从初始期开始，我们开始进入文化发展的中间“周期”（period）和稳定的“同一期”（horizon）。这是约翰·罗[2]和他的学生的重要贡献。约翰·罗是一位杰出的安第斯学者和印加学家，他对秘鲁伊卡山谷（Ica Valley）的发掘和陶器分期研究为之后的安第斯中部地区年代序列打下了基础。罗的年表制定主要以陶器形制及其装饰风格为基础，在方法论上可追溯到为旧世界[3]文明，如埃及文明，制定的古典文化—历史时间线（classical-historical timelines）。尽管这一年表并非完美无缺，但它经受住了时间的考验，即使是放射性测年法（如碳14测年法）的出现，也无

[1] Initial Period，公元前3000—前1200年。

[2] John Rowe，1918—2004年。

[3] Old World，相对于美洲新大陆而言。——译者注

法将它从了解安第斯山脉过去文化和社会变迁的工具的位置上移除。

根据罗的年表，从初始期开始，我们有一个年代系列，包括三个初始或中间周期以及三个同一期——初始期（Initial Period）、早同一期（Early Horizon）、早中间期（Early Intermediate Period）、中同一期（Middle Horizon）、晚中间期（Late Intermediate Period），最后是晚同一期（Late Horizon）。简单地说，初始期和中间期是文化活跃和异质性的阶段，而同一期则代表了跨越安第斯山脉的更加同质的风格形式的巩固和扩展。初始期和中间期包含了多样的风格和文化，而同一期支撑了更大的宇宙学或政治运动的兴起，如查文（早同一期），瓦里和蒂亚瓦纳科（中同一期），最后是印加（晚同一期）。有趣的是，这三个同一期都描述了高地现象，并强调了整个南美洲史前时期安第斯高地看似内在的扩张动力。

初始期的特点是沿海和高原地区的社会和经济发展不断深化，导致了水渠灌溉农业、陶器生产以及早期使用棉花和骆驼科动物毛纺织技术的广泛应用。这一时期的重要遗址遍布海岸和高地，从莫切河谷（Moche Valley）的卡巴略穆埃托（Caballo Muerto）到的的喀喀盆地（Titicaca Basin）的奇里帕（Chiripa）。这些多样的初始期文化中广义的社会、经济和宇宙观发展是最初泛中部安第斯文化表现——即查文文化以及随之而来的早期发展（公元前 1200—前

200 年）——的先驱者。

查文德万塔尔（Chavín de Huántar）遗址位于秘鲁中北部，坐落在科迪勒拉·布兰卡山脉（Cordillera Blanca）——安第斯山脉中央冰川的一部分——的东侧，海拔约 3150 米，位于连接东部雨林、安第斯高原和沿海地区的重要通道上。庞大而宏伟的查文德万塔尔是一个多层的宗教场所，有一系列内部长廊、多座庙宇、地下水渠（可能用作宗教仪式上的声学道具）、广场、精心雕刻的石柱和镶板，以及不同转型阶段中的拟人化榫头，暗示了与使用致幻物质有关的变形。这些物质最有可能包括可提炼麦司卡林[1]的圣佩德罗仙人掌（*Echinopsis pachanoi*），它曾出现在查文图像中。这一宗教性场所的建造是有机的，就其核心结构而言，它呈现出不断变更和修改的趋势。事实上，这是许多安第斯庙宇建筑的共同特征，在卡拉尔以及后来的莫切（月亮神庙和太阳神庙）和纳斯卡（卡瓦奇古城）建筑中都可以看到。

由于对一个遗址的详细描述与查文非常相似，有可能当赤脚加尔默罗会（Discalced Carmelite）的僧侣安东尼奥·巴斯克斯·德·埃斯皮诺萨神父[2]在 1616 年穿越该地区时，他目睹了对被称为瓜里（Guari）的神的崇拜。瓜里是晚中间期到早期殖民时期（公元

---

[1] mescaline，一种致幻剂。——译者注

[2] Fray Antonio Vázquez de Espinoza，1570—1630 年。

1000—1615年）安第斯山脉中北部一大片地区的农业神。在当时，这使查文德万塔尔成为南美洲持续使用时间最长的宗教场所。事实上，查文神石（Lanzón de Chavín）是一块4.5米长的矛形花岗岩石碑（其形状让人联想到安第斯脚踏犁），上面雕刻着鸟类和猫科动物的混合图案，位于古庙中心的地下长廊，可能是世界上最古老的原址（in situ）宗教物品。在安第斯山脉，这种类型的物体曾经并仍然被称为huanca，即神圣的石头。

秘鲁的两位考古学之父，胡里奥·C. 泰罗[1]和拉斐尔·拉尔科·奥伊莱[2]分别对查文文化是起源于高地还是沿海存在争议，但他们并没有争论查文文化对安第斯中部山脉的意义。从北部的皮乌拉山谷（Piura Valley）到南部的纳斯卡山谷（Nazca Valley），这里的艺术作品——描绘了猫科动物、凯门鳄、水蟒和有爪子和尖牙的鸟类，以及其他真实或神话中的野兽——形式不同，但风格相似，覆盖了同样广阔的高原地区。胡里奥·C. 泰罗认为，该遗址位于科迪勒拉山脉和亚马孙河之间的关键位置，意味着它是东西方贸易和思想传播的通道。尽管如此，对于许多学者来说，查文文化中显然缺乏军事或君主形象，这表明它可能是一场席卷安第斯山脉中部约八百年的宗教运动中最重要的朝圣和神谕中心。有趣的是，查文文

[1] Julio C. Tello，1880—1947年。

[2] Rafael Larco Hoyle，1901—1966年。

化中的“权杖神”（staff-god）形象，即一个神每只手都拿着一根权杖的形象，后来以许多不同的形式出现在不同的文化中，特别是在中期的蒂亚瓦纳科帝国。印加人甚至也使用过这个形象，对他们来说，它似乎在不同的地方代表了不同的事物，包括维拉科查[1]、太阳神、月亮神与掌管雨、雷和闪电之神，在安第斯山脉的不同地区，也被称为尤拉帕（Illapa）、图努帕（Thunupa）或利比克（Libiac）。

图 6　查文时期的神庙，秘鲁

[1] Viracocha，他是印加最高的创世神。

查文文化的消失迎来了早中间期（公元前200年—600年），随之而来的是跨越安第斯山脉的文化差异增加的时期。也是在这个时期，沿海地区在政治和经济复杂性上再次超过了高原地区。在这一时期的许多代表性文化——如莫切、纳斯卡、雷奈伊（Recuay）、卡哈马卡（Cajamarca）和瓦尔帕（Huarpa）——中，战士的形象证明了这一时期社会更大的不稳定性和互相残杀。以皮乌拉河（Piura）和内佩纳河（Nepeña）之间的北部山谷为中心的莫切人，崛起为一系列相互关联、高度结构化、以山谷为基础、等级森严的国家形态的社群，在政治控制的基础上加上神化领袖、复杂的仪式与对祭祀和流血的嗜好等行为——这些最后的活动可能是作为一种手段来缓和自然灾害的影响，如反复出现的厄尔尼诺（El Niño）现象。厄尔尼诺—南方涛动（ENSO）现象是发生在赤道太平洋中部和中东部的一种极端暖流，它会影响南美洲的太平洋海岸，导致海岸的非季节性洪水和高地的干旱。

莫切人华丽的陵墓，例如西潘王（Lord of Sipán）、卡欧夫人（Lady of Cao）和圣何塞德莫罗女祭司（Priestesses of San José de Moro）的陵墓，证明了这些皇室和宗教精英的权力和威望，被他们称为huacas的庙宇金字塔亦是如此，例如莫切河谷的太阳神庙（Huaca del Sol）和月亮神庙（Huaca de la Luna）。莫切人对这些河谷施加严密的经济和意识形态控制，并沿着中部沿海地区与北部高地的卡哈马卡和查查波亚斯（Chachapoyas）、中北部高地的雷奈伊，以及遥远北部海岸的维库斯（Vicus）和利马（Lima）等文化建立了联系。

图 7　复原后西潘王的王陵，兰巴耶克，秘鲁

图8　双嘴壶，秘鲁纳斯卡文化，约公元6—7世纪，
腰部图案是作为战利品的头颅

再往南，早同一期沿海地区受查文文化影响的帕拉卡斯文化[1]被早中间期的纳斯卡文化（公元1—700年）所取代。神秘的

[1] Paracas，公元前700年—公元1年。

纳斯卡线条的建筑，纳斯卡大河谷（Río Grande de Nazca Valley）干旱草原和山丘上一系列精美的纳斯卡图案，属于纳斯卡文化的人们沿着375千米长的海岸地带在卡涅特河（Cañete）和阿卡里河（Acarí）环绕的山谷中繁衍生息。像莫切人一样，纳斯卡人对高原腹地的直接控制和影响是有限的。纳斯卡人的政治组织能力远不如莫切人，他们聚集在小村庄周围，由在宗教信仰和生活方式上具有地区共同性的萨满和小首领管理。在纳斯卡社会中，通过终身服务获得的地位而不是与生俱来的阶级，似乎已经定义了荣誉和威望，但陶器中不断出现的战争图像，以及在墓葬中发现的武器和作为战利品的头颅，表明这也是一个高度发达的武士社会。纳斯卡人是头骨修饰和早期颅骨手术（即钻孔术）的实践者，他们也是杰出的织工和陶工，创造了前西班牙时期古代世界最独特和最具情感的艺术。纳斯卡人的艺术和风格似乎影响了邻近高地的瓦尔帕文化，该文化是中同一期（公元600—1000年）庞大的瓦里帝国的直接前身。

虽然中同一期（第二个物质文化表现出同一性的阶段），在本质上被视为出现于安第斯中部地区的现象，但它的影响远远超出了瓦里帝国和蒂亚瓦纳科帝国的范围，影响到了阿根廷西北部的拉阿瓜达文化（La Aguada，公元600—900年），以及位于厄瓜多尔的曼特诺文化（Manteño，约公元600—1600年）文化。这两个帝国的影响力如此之大，以至于人们可以很容易地认为这是安第斯地区的

“中同一期文艺复兴”（Middle Horizon Renaissance），在此期间，统一的社会、政治、经济和宇宙观等确保了帝国的成功。自此，新的势力从沿海地区向高地转移。最初，在 20 世纪上半叶，学者们认为瓦里帝国和蒂亚瓦纳科帝国是“一体两面”的，其中瓦里帝国代表沿海和北部的的的喀喀湖，而以高原（Altiplano）为中心的则是蒂亚瓦纳科帝国。到了 20 世纪 50 年代，经过一系列研究人员的开创性工作才开始将这两种文化区分开来，这些学者包括研究安第斯史前时代的元老温德尔·C. 贝内特（Wendell C. Bennett）、亚瑟·波斯南斯基（Arthur Posnansky）和独一无二的约翰·罗，以及随后其他著名的现代考古学家，如威廉·H. 伊斯贝尔（William H. Isbell）、约翰·雅努塞克（John Janusek）、艾伦·科拉塔（Alan Kolata）、戈登·F. 麦克尤恩（Gordon F. McEwan）和 C. 庞塞·桑希内斯（C. Ponce Sanginés）。这些研究者取得的共识是，虽然瓦里和蒂亚瓦纳科这两个帝国的艺术在图像上，特别是在权杖神图像的使用上，有许多相似之处，其中最典型的例子就是蒂亚瓦纳科首府的太阳门（Gate of the Sun）上的权杖神图像，但它们是两种非常不同的国家类型。

瓦里帝国的同名首都位于安第斯山脉中部的现代小镇阿亚库乔附近，与蒂亚瓦纳科相比，瓦里似乎是一个更有组织的帝国的中心。瓦里帝国的许多结构类似的行政中心，如皮基拉克塔（Pikillacta）、华若（Huaro）和维拉科查潘帕（Viracochapampa），分散在

图 9　庞塞巨石，玻利维亚

距离超过1000千米的各处，为北部高地和安第斯中部海岸等不同地区，直接和间接的、复杂的统治体系提供了统一的路径。这些中心可能由国家维护的道路网络连接起来。另外，蒂亚瓦纳科人似乎将其大型遗址集中在其首都蒂亚瓦纳科周围半径不超过75千米的范围内。有学者认为，蒂亚瓦纳科能够向南扩张到今天的玻利维亚、智利和阿根廷，更多的是靠他们的羊驼商队进行贸易产生的影响，而不是彻底的征服，帝国在这里也许间隔地分布有一些僻远的殖民地。在这个意义上说，蒂亚瓦纳科文化的传播在本质上与早期的查文文化相似。和查文一样，蒂亚瓦纳科遗址由一系列庙宇、半地下广场和大量石雕艺术组成，其中很多都与权杖神有关，比如太阳门（Gateway of the Sun）和庞塞巨石（Ponce Monolith）。这些相似之处使得一些学者认为，蒂亚瓦纳科遗址曾是一种广泛存在的高地宗教的神谕朝圣中心。然而，在秘鲁南部沿海的莫克瓜谷地（Moquegua Valley），这两个帝国边界的军事紧张迹象表明，这两个截然不同的帝国之间的和平共处并不是必然的。

中同一期很重要，因为它代表了印加帝国之前高地上的最后一个扩张时期。因此，中同一期为后来的印加治国之道提供了灵感。印加人可能采用了瓦里帝国的道路网作为一种基本策略，用来将帝国的核心与标准化的行政中心和支撑帝国的组织结构整合在一起。他们还可能将奇普（一种用于记录和编码更复杂的叙述的结绳记事方法）纳入其统治体系中。印加人将的的喀喀湖作为他们的发源地，再加上的的喀喀湖在印加神话传说中极其重要，导致了印加人将的的喀喀湖及其周围环境视为圣地。这包括在太阳岛和月亮岛上建造重要的庙宇，以及向湖中投送祭品。印加人还将蒂亚瓦纳科作为他们宇宙景观中的一个神圣地点。这意味着蒂亚瓦纳科帝国故土最终代表了印加的原乡（urheimat）或起源地，也是印加作为一个国家及其统治者的合法性所在。印加人说的第一种语言也有可能是普奇那语（Puquina），普奇那语可能源于的的喀喀湖附近，并且可能是古代蒂亚瓦纳科人所说的语言。蒂亚瓦纳科对其领土的间接控制也预示着印加人在帝国大部分地区的战略，特别是向南扩张到智利和阿根廷。

然而，以高地为基础的中同一期文明的真正遗产，是围绕以三种物产为基础的农业创造的共生关系和专业化——玉米、土豆和骆驼科动物。以这些物产为基础的经济，与瓦里人和蒂亚瓦纳科人进行的水利建设的大规模开发和技术进步，特别是梯田、抬高的农田系统和灌溉渠相结合。尽管这些技术在安第斯山脉有着悠久的历史，但直到中同一期，它们才被整合成一个强大的高原经济体系。在此意义上说，相较于早期查文文化，瓦里帝国和蒂亚瓦纳科帝国解锁了安第斯高原地区繁荣的关键，它们将一个生态丰富，但未被充分开发的地区变成了一个名副其实的粮仓，有效地满足了自身的需求。后来在 14—15 世纪，正是这种经济模式支撑起了印加帝国的扩张。和所有的帝国一样，蒂亚瓦纳科和瓦里最终都崩溃了，二者都是政治傲慢、过度扩张和不良气候条件的受害者。在它们之后，出现了许多较小的实体，预示着晚中间期（公元 1000—1450 年）的开始，并随之兴起了新型的印加帝国。

虽然由于缺乏历史资料，我们很难确切地了解安第斯地区的史前阶段，但到了晚中间期，我们第一次瞥见了这段隐秘的、文献失载的过去岁月。印加帝国征服的速度之快，以及从印加帝国到西班牙殖民的时间跨度之短，意味着当欧洲人到达时，有关早期的某种程度的历史记忆仍然存在——这是早期西班牙编年史学家在讲述这片新被殖民和征服的土地时，从采访中收集到的一段历史记忆。这意味着我们对最近的过去的印象——这在历史学和考古学中是常有的事——更完整，也必然更复杂。

回到考古学，瓦里帝国和蒂亚瓦纳科帝国的结局导致安第斯社会严重碎片化，一些学者称之为该地区的“巴尔干化”（Balkanization）。虽然整个安第斯中部都能感受到这种变化，但高原地区的变化要剧烈得多。沿海地区，一系列较大的政治实体，包括伊奇玛王国（Ichma）和奇穆王国，在高地严重分裂的环境中脱颖而出。奇穆，或如考古学中所称的 Chimú，是一个高度发达和稳固的国家，统治着古老的莫切文化区，并最终将北部奇拉（Chira）和南部瓦尔梅（Huarmey）之间的所有沿海山谷纳入其管辖范围。它的都城在莫切河谷的昌昌（Chan Chan），是美洲最大的土坯城市（19 平方千米），这个高度发达的政权就从这里管理和组织整个王国。

像其他更早或同时代的沿海族群一样，奇穆人并没有过多地向高地扩张，尽管民族史记录显示，他们与内陆地区的族群保持着互惠的贸易和联盟关系。事实上，在奇穆和印加争夺霸权的最终冲突中，前者可以向这些邻近的高地部落求助。然而，当印加人通过战斗和围攻打败他们时，抵抗失败了，这导致了奇穆王国最终瓦解。秘鲁中部沿海地区的伊奇玛王国的命运有所不同。虽然政治组织远不如奇穆严密，但伊奇玛王国在其疆域内拥有强大的帕查卡马克（Pachacamac）神谕。这个神谕的重要性超越了伊奇玛王国的边界，因此它也是安第斯山脉中部人民的朝圣中心。印加人将帕查卡马克及其宗教融入了帝国的万神殿中，他们建造了一座巨大的太阳神庙，并将帕查卡马克与的的喀喀湖一起奉为人类神圣创世的，同时也是印加人的中心。

相反，高地则呈现出截然不同的景象，众多的小型政治实体参与了广泛的袭击、战争和自相残杀的暴力活动。高地的晚中间期可以分为两个不平等的时期，较早的时期在公元 1000—1250 年之间，人口增加，但暴力活动似乎有所缓解，随后的另一个时期在公元 1250 年之后，为了保护日益受到威胁的人口，人们在高海拔山上建立了防御性的聚落——通常被称为普卡拉（pucaras）。在安第斯山脉的某些地区，尤其是印加帝国兴起的库斯科地区，政治权力似乎在晚中间期的前两个半世纪里整合成更复杂的形式，使得晚中间期的后半段，这些不同的小型酋邦为争夺控制权而斗争不断。

不用说，实际情形比上述简单的总结要复杂得多，而且地区局部的情况各不相同（例如，阿亚库乔作为古老的瓦里中心地带，实际上随着晚中间期的到来变得不那么复杂了）。然而，总的来说，晚中间期和地方性冲突导致这些地区的人们普遍向高海拔地区迁移，因而越来越多的人在人迹罕至的安第斯山脉的峰峦之间筑墙而居。这一举动很可能促成了这一时期羊驼放牧的扩张，而且更加干冷的气候也大大增加了可利用的草地面积。有趣的是，这种高地分裂成以血缘为基础的小族群的现象，从厄瓜多尔一直到阿根廷西北部都有发生。顺便需要指出的是，在这一时期，羊驼放牧区的扩张路线在整个安第斯地区都沿着后来印加帝国的大致轮廓延伸。

在这一时期，这些较小的酋邦脱离了中央集权政体，它们可能采用了一种更松散的政权形式，社会分层程度较低，领导层大多是非世袭的。特别是早期，领导人可能只会在必要的时候产生。在缺乏强有力领导的情况下，社会凝聚力是由亲属关系和祖先崇拜带来的。尽管在安第斯山脉，祖先崇拜似乎是一个长期存在的传统，但在晚中间期，随着在领土边界或所在经济重要地区战略性地安置灵塔和坟墓，它又有了新的意义。除了纯粹的战略或经济意义之外，祖先崇拜也是维系和更新家族、村落或亲属关系的一种手段。在晚中间期的众多族群中，基尔克人（Killke）是其中一族，它得名于库斯科地区的一种陶器风格。正是从这些不显眼的起点，我们可以追溯印加作为安第斯山脉最卓越的帝国是如何崛起的。

第2章

扩张：神话、历史与考古

> 他们不计算自己的年龄；他们不测量其行为持续的时间；他们也没有任何固定的时间点来衡量历史事件，不像我们从主耶稣基督诞生开始计时。
>
> ——贝尔纳贝·科博（Bernabé Cobo），
>
> 《印加帝国史》（*History of the Inca Empire*）（1653）

印加是唯一一个从未发展或使用书面文字的古代帝国，尽管他们确实使用了奇普，盖丘亚语意为“绳结”（knot）：用于记录作为管理数据的绳结符号排列，也可以作为记忆工具来编织更大的叙事。虽然一些奇普叙事是在早期西班牙殖民时期从绳结管理员，也称奇普卡马约克斯（*quipucamayoc*）的目击者那里抄录的，但我们对印加帝国更遥远的过去的大部分信息是由西班牙人或梅斯蒂索人[1]通过对原住民知情者的采访收集的。缺乏本土文字，加上口头叙事传统及非线性记录日期的方法，意味着印加帝国的过去难免是混乱的、模糊的，甚至可以有多种解释。更复杂的是，最早的采访者——那些事实上最接近前西班牙时期历史的人——本身就是西班牙人。这些西班牙编年史学家几乎不说原住民的语言，通常

[1] mestizos，西班牙人和南美原住民的混血儿。

对印加和安第斯地区社会、文化和宗教观念知之甚少，他们有自己的企图、根深蒂固的规则和偏见。

例如，佩德罗·萨缅托·德·甘博亚[1]为他那部令人印象深刻的《印加史》[2]而采访了一百多位印加贵族，其中也包括奇普卡马约克斯。虽然这部作品既具体又翔实，但我们必须考虑到，萨缅托·德·甘博亚是受西班牙王室雇佣来诋毁印加人及其征服行为的，他把印加人描绘成暴君，从而为西班牙后来的征服和宗主国权力辩护。有这样明显的动机，甘博亚很难对印加神话和历史做出公正的评价。同样，印加见证者也有他们自己的利益和目的，他们大多偏爱自己的家族（称为帕纳卡，*panacas*）和亲属。而且，他们肯定不是现代历史学家或人类学家。

尽管如此，通过对印加历史中这些相互矛盾的描述进行筛选，我们发现了一种模式，正是这种模式让我们可以将其与考古学进行对比，以更好地定义印加帝国的崛起。在本章中，我们要追溯印加人在神话中的起源和可能的种族进化历程，他们的统治者和地理扩张，并利用民族史资料、历史解读和考古发现，梳理出一幅描绘塔万廷苏尤从晚中间期（公元 1000—1450 年）到晚同一期（公元 1450—1532 年）兴起过程的清晰叙事图。即便如此，各项证据之间

---

[1] Pedro Sarmiento de Gamboa，1530/1532—1592 年。

[2] *History of the Incas/Historia Indica*，1572 年。

也存在矛盾，因此本书提供了两种可能的印加扩张模式。第一种模式是约翰·罗提出的传统模式，印加帝国迅速扩张，先是向中部和北部扩张，然后向南部扩张，从 1438 年开始，到 1532 年西班牙征服和进行殖民统治时达到顶峰。第二种模式最初由菲利普·安斯沃思·米恩斯[1]提出，后来得到了碳 14 测年证据的支持。该模式指出，印加的扩张进行得更早、更慢，从 14 世纪末开始，最初是向南扩张，然后是向北扩张。本书将在下面评估这两种不同的解释。

回溯印加的起源，我们会发现创世神维拉科查，他在的的喀喀湖创造了人类。这些原始人类通过地下通道输送，最终从自然景观中的圣地——帕卡瑞纳（*pacarina*）——出现，为这片土地上的各个民族提供了原点（origin points）。稍后，维拉科查和他的两个儿子穿过安第斯山脉，召唤这些人在这片土地上繁衍生息。以帕卡瑞纳为中心的概念（以及其他更广泛的信条）是印加与其他晚中间期文化的共同之处。因此，初生的印加人相信神话中的帕卡瑞纳——起源地（place of origin）——在那里，在社区形成时，人类也就出现并完全成形了。帕卡瑞纳可以是一个洞穴，一个湖泊，一处泉水或任何明显的自然景观。在印加文明中，起源地是一个名为帕卡里坦博（Pacarictambo）或“黎明之居”（Tavern of the Dawn）的洞

[1] Philip Ainsworth Means，1892—1944 年。

穴，位于库斯科西南约 26 千米处（尽管某部圣徒传认为塔万廷苏尤的每个区域都有自己的帕卡里坦博，因此将印加设定为起源于随后帝国的任何地方）。

更复杂的是，帕卡瑞纳的概念也含有一种等级制度，从更局部的，因此不那么重要的，与亲属群体有关的帕卡瑞纳，到与某一族群（如印加人）有关的区域性的帕卡瑞纳，再到为安第斯山脉大量土著提供源点的泛区域性的帕卡瑞纳。其中一个例子就是的的喀喀湖，对印加人来说，的的喀喀湖是他们的创世神维拉科查的诞生地。除此之外，的的喀喀湖还是高原上最重要的核心帕卡瑞纳之一，对各种各样的族群来说都是如此，其中也包括印加人。事实上，在晚同一期，印加人已经确定了两个这样的泛区域性起源地：一个在高原的的的喀喀湖，与维拉科查有关，另一个位于太平洋海岸，与帕查卡马克和他伟大的神庙遗址有关。然而，这两个终极帕卡瑞纳的概念发展较晚，很可能是印加帝国政治霸权的产物。从这个意义上说，印加人努力将安第斯山脉的所有其他地区的起源地归到这两个帝国所认可的人类发源地之下。印加人的这种做法，与其他无数文明一样，将当地的宗教整合到统治者的宗教之中，或对当地的宗教进行篡夺或取代。

虽然我们稍后会更详细地讨论印加人的宇宙观，但显然，两个地方——的的喀喀湖和帕卡里坦博——作为印加起源的主题有两种不同的帝国目的。的的喀喀湖的起源神话成了解释安第斯世界是由印加的创造者维拉科查建造的代表，证明了印加的卓越地位和统治权力。同样地，印加与的的喀喀湖之间的联系也将印加与中同一期的蒂亚瓦纳科昔日的辉煌联系在了一起。而帕卡里坦博的神话更重亲族关系也离现实更近，其中涉及第一个萨帕（独一无二的）印加的“诞生”：阿雅·曼科（Ayar Manco），后来被称为曼科·卡帕克（Manco Capac），他的姐妹/妻子玛玛·奥克略（Mama Ocllo），以及三个兄弟和他们的姐妹/妻子：阿雅·奥卡（Ayar Auca）/玛玛·瓦科（Mama Huaco）、阿雅·卡奇（Ayar Cachi）/玛玛·伊帕库拉（Mama Ipacura）或库拉（Cura）、阿雅·乌丘（Ayar Ucho）/玛玛·拉瓦（Mama Raua）。

关于帕卡里坦博神话最好的记载在上文提到的佩德罗·萨缅托·德·甘博亚和他的同胞胡安·迭斯·德·贝坦索斯[1]的编年史中。后者作为征服者娶了印加公主库西丽梅·奥克略（Cuxirimay Ocllo），她是弗朗西斯科·皮萨罗[2]的情妇，也是已故印加帝国国王阿塔瓦尔帕[3]的妻子。库西丽梅·奥克略后来接受洗礼，并改名为安赫利纳·尤潘基（Angelina Yupanqui）。作为一位印加公主，

[1] Juan Diez de Betanzos，1510—1576 年。

[2] Francisco Pizarro，1475—1541 年，1532 年西班牙远征印加的首领。

[3] Atahualpa，1497/1500—1533 年。

库西丽梅·奥克略，或安赫利纳·尤潘基和阿塔瓦尔帕的父亲萨帕印加——瓦伊纳·卡帕克[1]有血缘关系。胡安·迭斯·德·贝坦索斯掌握了盖丘亚语，并通过地位高贵的妻子，获得了接触印加高级知情者和信息来源的特权，如皇家奇普，即使这些信息属于某个特定的家族，或帕恰库特的哈通（Hatun）帕纳卡，即他妻子的家族。

回到帕卡里坦博神话，八位印加创始人从三个被称为坦博托科[2]的洞穴中诞生。这三个洞穴从左到右分别被称为马拉斯托科（Maras Toco）、卡帕克托科（Capac Toco）和苏蒂克托科（Sutic Toco）。从马拉斯托科和苏蒂克托科中，诞生了马拉斯人（Maras）和坦博人（Tambos，即苏蒂克人），他们是印加早期的关键盟友。八位印加缔造者穿着精美的羊毛衣服，戴着黄金饰品，从中央的洞口——坦博托科——走出来。关于这些新出现的成双作对的人物是兄弟姐妹还是夫妻，存在一些争论，尽管考虑到印加统治者倾向于与他们的姐妹，包括同父异母的姐妹和近亲姐妹结婚，这可能是一个没有意义的问题。同样值得考虑的是，这些女性，要么是姐妹，要么是妻子，或者两者都是，在创世神话中担任主要角色，强调了女性和母权制在印加、安第斯高地和前西班牙时期的重要性。学者

[1] Huayna Cápac，约 1467—1525 年。

[2] Tambo Toco，意为“敞开之家”，位于帕卡里坦博。

们还注意到，人物称谓“阿雅”（Ayar）来自盖丘亚语，意思是“尸身”。因此，在这些印加祖先的创始成员的名字前使用“阿雅”的称谓，显示他们从神话开始就建立起生者与死者之间的连接，如此而言，木乃伊化的祖先或印加世袭统治者，与安第斯山脉中部的其他文化是一样的。

这些印加的祖先和他们的盟友坦博人一起向西北迁徙，寻找可以定居的土地。当他们行走的时候，他们用一根金棍子测试土地，寻找肥沃的土壤。一路上，他们面临着各种各样的考验和磨难，比如第二代印加辛奇·罗卡（Sinchi Roca）的出生，他是阿雅·曼科和玛玛·奥克略的儿子。后来，诸兄弟中最好斗、最暴力的阿雅·卡奇被骗回到坦博托科取回一些留下的物品。他一进入洞穴，其他人就封闭了他身后的洞口。接下来，剩下的七个兄弟姐妹到达了位于库斯科附近的华纳库里山（Huanacauri）。从这里，他们第一次认识了库斯科山谷（Cuzco Valley）。印加人将金棒插进地下，发现金棒不见了，从而证明了这片土地富饶肥沃，是他们新家园的吉祥之地。在华纳库里，另一个兄弟阿雅·乌丘在与太阳交谈后变成了石头，并将第一位出现的帕卡里坦博兄弟阿雅·曼科（Ayar Manco）变成了曼科·卡帕克[1]，正式将他奉为第一位萨帕印加。阿雅·

[1] Manco Capac，即至尊。

乌丘的石像是瓦纳库里的一座重要印加神殿的关键因素。

印加人从瓦纳库里出发，前往库斯科，在那里他们受到了当地首领阿尔卡维萨（Alcaviça）的欢迎。阿尔卡维萨认为他们是太阳的直系后代，允许他们在山谷定居。一定居下来，玛玛·瓦科就把玉米引进山谷。兄弟中最后剩下的是阿雅·奥卡，他把自己变成了一根石柱，为辛奇·罗卡继曼科·卡帕克之后成为萨帕印加铺平了道路。除掉了阿雅·奥卡，我们便看到，既定的统治者阿雅·曼科，他的儿子和他的四个姐妹宣布库斯科为印加领土。当然，这个故事既自私又神秘。然而，正如阿瑟·埃文斯爵士[1]发现克诺索斯（Knossos）和牛头人身怪物，海因里希·谢里曼[2]发现特洛伊的海伦（Helen of Troy）一样，许多神话的核心都有着部分真实。

最近对居住在库斯科的印加统治者后代的DNA研究谨慎地认为，测试个体的父系起源于的的喀喀湖地区，就像印加创始神话所暗示的那样。岛田泉（Izumi Shimada）的著作《印加帝国》[3]提出了一项更广义的DNA研究，作者解释说库斯科盆地的DNA主要属于高原或的的喀喀湖群，这证明了印加文明起源于秘鲁南部高地的

[1] Sir Arthur Evans，1851—1941年，英国著名考古学家。——译者注

[2] Heinrich Schliemann，1822—1890年，德国著名考古学家。——译者注

[3] *The Inka Empire*，2015年。

观点。尽管确定这个 DNA 首次出现在该地区的时间很困难，但初步估计是在过去一千年的某个时间点——正是在动荡的晚中间期，在此期间，我们有充分的证据表明人们在安第斯高原的大片地区迁徙。这些人的迁徙往往是当地神话经久不衰的基础，比如在中部和北部高地定居的瓦里农民以及流浪的拉库阿兹（Llacuaz）牧人的神话（后者将前者从权力的位置上驱逐出去，类似流浪的印加人将阿尔卡维萨治下的居民驱逐出去）。事实上，强悍的牧民与弱势的农民的冲突是一个反复出现的主题，掩盖了畜牧业对晚中间期安第斯高原社会作为一个整体的重要性——这种重要性在印加时代的羊驼商队、牧群以及对羊驼纤维生产的大量投资都得到了体现。

语言学上的证据也暗示了印加起源于的的喀喀湖。库斯科是印加帝国的核心，是三种主要高地语言的交会处：艾马拉语、普奇那语和盖丘亚语。今天，安第斯山脉中部地区只讲艾马拉语和盖丘亚语。16 世纪，普奇那语已经衰落，到 19 世纪，普奇那语就完全消失了。然而，在鼎盛时期，这种语言覆盖了秘鲁南部、玻利维亚和智利北部的大片地区。普奇那语以的的喀喀湖为中心，最终在它的中心地带被艾马拉语取代，尽管它可能曾是中同一期的蒂亚瓦纳科帝国（公元 600—1000 年）的语言。尽管库斯科这个地名的词根是艾马拉语，但现代秘鲁古语言学家鲁道夫·塞龙－帕洛米诺

（Rodolfo Cerrón-Palomino）有力地为普奇那语辩护，认为它是所谓的印加“秘密语言”，艾马拉语是帝国早期的通用语，直到盖丘亚语成为他们向北扩张的主要语言。因而，源于的的喀喀盆地周围的普奇那语可能为该地区艾马拉语和盖丘亚语的前身。

另一项证据与陶器风格有关。引人注目的是，印加帝国和更早的的的喀喀湖地区陶器之间的相似之处表明，在完全成熟的印加帝国风格的陶器出现之前，其制作可能受到了从的的喀喀湖地区向北进入库斯科地区的风格影响。

尽管这些神话、DNA、语言和陶器方面的证据只是一段支离破碎的历史的初步线索，但综合起来确实表明，印加人很可能起源于秘鲁南部和玻利维亚北部的文化和族群的大熔炉，甚至可能在的的喀喀湖地区，他们很早就在库斯科山谷建立了自己的地盘。更可能的是，考古学指出一些前印加部落，如安塔西亚斯（Antasayas）、阿亚玛卡（Ayarmaca）、莫希纳（Mohina）、皮纳瓜（Pinagua）和坦博（Tambo）等，缓慢地巩固了权力。重要的是，这些部落共同拥有一种被称为基尔克的陶器风格，或基尔克衍生的陶器风格，后来演变成印加风格。虽然一种陶器风格或物质文化的传播并不一定意味着政治控制，但它可以描绘出其创造新兴的霸权萌芽，霸权所有者的商品和产品可以被使用它们的族群视为当地威望和地位的来源。

图 10　印加王室的阿里巴洛（aribalo），也称乌尔普（urpu）

不幸的是，核心区域的许多前印加考古遗址被后来的印加建筑所覆盖，因此要想准确地了解这一时期该地区的历史是很困难的。然而，考古学家认为库斯科地区的人口随着中同一期瓦里帝国（公元 600—1000 年）的消亡而增加；事实上，瓦里帝国作为一个政治实体的崩溃并没有导致该地区人口的下降。实际上，库斯科地区因其主要由种植低谷玉米的农民维持和建立更加开放的聚落而闻名。开放的、无防御设施的聚落呈现出一种与我们所期望在政治上巴尔干化的晚中间期（公元 1000—1450 年）非常不同的模式，并显示了库斯科最初的城市精英早期的权力巩固过程。正是这种早期的权力建设，可能给了印加人侵犯邻国的机会，使他们能够进一步积累领土和权力，然后迅速崛起为帝国。

从基尔克王朝到早期印加王朝的过渡发生在公元 1300 年前后，那时的印加已经拥有了比他们的邻国更加稳固的权力基础，这让前者在公元 1400 年之后的征服战争中具有巨大的优势。然而，印加人只是晚中间期政治旋涡中争夺权力的众多族群中的一个，他们的国王名单反映了一种愿望，即通过至少在个体历史上确立一个久远的祖先来获得合法性，从而保住这片土地。

图 11　基尔克陶片，穆尤马卡，库斯科，秘鲁

图 12　小型的阿里巴洛或乌尔普，圣哈辛托，潘帕罗马斯，安卡什

以西班牙早期史学家米格尔·卡贝洛·巴尔沃亚[1]在其《南极杂记》（*Miscelánea Antártica*）中所写的名单为例，很明显，在印加创始人曼科·卡帕克之后，在瓦斯卡尔[2]和阿塔瓦尔帕兄弟以及随后的印加内战[3]之前，也就是在西班牙人到来之前，还有另外10位印加统治者：

曼科·卡帕克（Manco Capac）

辛奇·罗卡（Sinchi Roca）

略克·尤潘基（Lloque Yupanqui）

迈塔·卡帕克（Mayta Cápac）

卡帕克·尤潘基（Cápac Yupanqui）

印加·罗卡（Inca Roca）

亚瓦尔·瓦卡克（Yahuar Huacac）

维拉科查·印加（Viracocha Inca）

帕恰库特·印加·尤潘基（Pachacutec Inca Yupanqui）

托帕·印加·尤潘基（Topa Inca Yupanqui）

瓦伊纳·卡帕克（Huayna Cápac）

---

[1] Miguel Cabello Balboa，1530/1535—1608年。

[2] Huascar，1525—1532年在位。

[3] Inca Civil War，1529—1532年。

大多数印加学者认为这份国王名单几乎没有历史真实性。事实上，凯瑟琳·朱利恩（Catherine Julien）等安第斯研究人员指出，有关国王名单的想法是试图将其与现存的西班牙国王名单联系起来，从而让1532年后的新殖民势力理解印加历史。印加国王名单中固有的神话色彩也可以从一些早期统治者统治了一百多年的主张以及他们的行为中看出，在很多情况下，这些行为都很神奇非凡。例如，印加·罗卡——第六代印加——为了避免库斯科的干旱，把他的手伸进能听到流水声的泥土里，然后把水引出来。

因此，大多数学者倾向于承认最后四五位统治者（自印加·罗卡或亚瓦尔·瓦卡克起）是历史人物；有些人甚至认为只有最后三位——帕恰库特·印加·尤潘基、托帕·印加·尤潘基、瓦伊纳·卡帕克——才是真正可验证的人物。然而，从该地区的考古学和民族史学研究来看，可以达成共识的是，印加人大约于公元1000年从库斯科山谷出现，经过缓慢、渐进地发展，到14世纪中后期，文化、建筑和社会组织的复杂性达到了一个显著的高度：这是成功扩张的必要前提。

就此而言，我们可以抛弃费利佩·瓜曼·波马·德·阿亚拉的大胆猜测，他记录了一份涵盖1500多年的印加王朝名单，还有费尔南多·德·蒙特西诺斯[1]，他在 17 世纪早期编制了一份包含 93 位前印加国王的表格，试图将印加与遥远的南美古代联系起来。然而，别忘了，费尔南多·德·蒙特西诺斯也认为印加人起源于的的喀喀湖地区，这与现代印加学者的观点非常一致。即便如此，除了长期以来对早期印加的起源和生活历史缺乏明确的了解外，我们还有一个更深层、更重要的印加编年史问题，即帝国扩张所需的时间长度。

就目前的情况来看，大多数早期西班牙编年史学家都同意印加的时间线跨越了 350—450 年。此外，民族史学界普遍认为，印加人在 11—12 世纪期间在库斯科附近聚集。然而，这并不是印加帝国的时间线。通往帝国的道路显然是围绕着昌卡战争（Chanca Wars）展开的，无论从哪个角度看，这都是印加在安第斯山脉建立霸权的关键事件。所谓的昌卡联盟（Chanca Confederation）是位于库斯科北部和西部的一群部落，分布在先前的瓦里帝国的腹地，他们团结在一起，是新生的印加帝国最可怕的敌人。大多数（所幸不是全部）编年史学家同意，这一事件发生在帕恰库特·印加·尤潘基的时代，就在他登基之前。

在这个故事中，帕恰库特不是王位继承人；他的兄长印加·乌尔孔（Inca Urcon）才是。印加·乌尔孔是他们父亲维拉科查·印

[1] Fernando de Montesinos，约 1593—约 1655 年。

加的爱子和指定继承人。然而，当昌卡人向库斯科挺进时，维拉科查·印加和印加·乌尔孔都逃离了即将到来的战斗。当印加人陷入困境时，印加的创世神维拉科查（或是其他记载中的太阳神）亲自向帕恰库特现身，鼓励他抵抗昌卡人，并承诺为他的事业提供援助。在命运的意外逆转中，帕恰库特将印加人集结在库斯科周围，并在维拉科查将石头变成勇士（pururaucas）的神力帮助下，彻底击溃了昌卡人，迫使他们屈服。另外两支昌卡军队也相继被击败，最终印加人取得了全面的胜利。

当帕恰库特将战利品交给他父亲维拉科查·印加时，遭到了父亲的蔑视，这导致年轻的帕恰库特最终违抗父亲，进而自封萨帕印加，并重新掌控库斯科及其周边地区。后来，随着印加·乌尔孔的消失，维拉科查·印加回到都城，将王冠[1]赠予他获胜的儿子。随着昌卡人的失败，帝国的梦想终于得以实现，扩张和征服从都城辐射到南美洲西部的大部分地区。

然而，昌卡战争的历史真实性存在很大争议。布莱恩·鲍尔（Brian Bauer）和他的团队最近在昌卡腹地进行的考古工作证明，昌卡人远没有印加人想象的那么有组织、那么强大。库斯科比昌卡地区发现的任何地方都大四倍；据此而言，再加上其他细节，昌卡

[1] mascaipacha，印加王权的象征。

似乎不太可能对新生的印加帝国构成任何持续的威胁。更重要的是，如果人们去掉这个故事的幻想色彩，帕恰库特僭越他的父亲和兄弟的情节读起来很像一场宫廷政变，以大难临头构成生存威胁的借口来攫取权力。

这类事在印加并不罕见。长子继承权（primogeniture）作为一种王位继承制度，对他们来说并不是一种既定的做法，一个在位的印加统治者的死亡或被废黜可能会导致多个潜在继承人争夺王位。因为印加统治者多妻多子的事实，这种情况并不会得到解决。举例来说，1533 年，在西班牙人绞死阿塔瓦尔帕之后，他们很快就立了三位傀儡印加，他们都是瓦伊纳·卡帕克（阿塔瓦尔帕之父）与不同女人所生的儿子。在印加帝国的历史上，托帕·印加·尤潘基和瓦伊纳·卡帕克都不是通过和平的方式崛起的，他们都必须通过战争重新征服反叛的省份，并击败潜在的对手，其中大多数是近亲。帝国末年（公元 1529—1532 年），基多（Quito）的阿塔瓦尔帕和库斯科的瓦斯卡尔这两兄弟之间爆发的印加内战也是一个典型的例子。

现在我们来谈谈印加扩张和统治的时间这个棘手的问题。印加王系的实际年代仍有争议。到目前为止，最为广泛接受的时间是米格尔·卡贝洛·巴尔沃亚提出的，并经由约翰·罗在 20 世纪中期作了诠释。罗认为大多数早期的国王都是虚构的，所以他专注于最后三位，并提供了他们登上印加王位的真实时间：帕恰库特·印加·尤潘基 1438 年登上王位，托帕·印加·尤潘基 1471 年登基，瓦伊纳·卡帕克 1493 年登基。约翰·罗由此提出了他的快速扩张的帝国模型，在这个模型中，这三个人是印加帝国的代表人物，王位的轮替表明帝制国家的诞生。1525 年，瓦斯卡尔在他父亲瓦伊纳·卡帕克去世后登上王位，1532 年，在西班牙征服印加帝国的前夕，阿塔瓦尔帕篡夺了王位，这一理论表明，印加帝国仅维持了 108 年。

在罗的叙事中，八个虚构的早期印加统治者他们的“历史”可以追溯到最重要的第九位君主，帕恰库特·印加·尤潘基，他在昌卡战争中打败了邻近的部落，开始了帝国的扩张。他名字中的“帕恰库特”（Pachacutec）代表登上王位时的头衔，意思是“改变世界的人”。根据这种叙事，帕恰库特·印加·尤潘基的远见和扩张确保了印加在安第斯地区的霸权。如果约翰·罗和他对西班牙编年史的解读可信的话，在不到 100 年的时间里，帕恰库特、他的儿子托帕·印加·尤潘基和孙子瓦伊纳·卡帕克确实创建了这个帝国。随后，瓦伊纳·卡帕克的两个儿子，瓦斯卡尔和阿塔瓦尔帕之间发生内战，最终弗朗西斯科·皮萨罗擒获了其中的胜利者阿塔瓦尔帕，并将西班牙统治强加于这个安第斯帝国。自从罗 1945 年首次提出他的印加年表以来，这个版本中的事件似乎已成信史，然而随着考古学和碳 14 测年法的发展，1438 年作为印加帝国开始扩张的时间点也出现了争议。

事实上，站在前辈学者——如特伦斯·N. 达特罗伊（Terence

N. D'Altroy）、韦罗妮卡·威廉姆斯（Veronica Williams）、维尔吉利奥·斯基亚帕卡塞（Virgilio Schiappacasse）和安娜·亚当斯卡（Anna Adamska）——的肩膀上，在对这个帝国不同地区开展研究的新一代印加研究者——比如艾伦·科维（Alan Covey）在印加腹地、丹尼斯·E. 奥格本（Dennis E. Ogburn）在厄瓜多尔、马尔蒂·帕西宁（Martti Pärssinen）在玻利维亚和阿根廷、卡特里尔·格雷科（Catriel Greco）和埃里克·马什（Erik Marsh）在阿根廷、路易斯·科尔内霍（Luis Cornejo）在智利，等等——正在根据重新校准的放射性测年数据修订年表。无论是对有机残留物的碳 14 测年，还是对陶器的热释光测年，在帝国南部、安第斯山脉中部和厄瓜多尔获得的新的年代数据，都开始将印加帝国扩张的时间追溯到 14 世纪末和 15 世纪初，在某些区域甚至更早。这意味着印加可能是一个持续了 150 年或更长时间的帝国，而不是一个不到 100 年的短期现象。

我们应该注意到，虽然单个年代数据的正常误差并不能使罗的传统年表失效，但越来越多可用的年代数据正在改变我们对帝国扩张的认识。这些年代证据表明，印加帝国最初向南扩张，经过智利北部，然后是阿根廷西北部，在后来的一次向北扩张之前，厄瓜多尔被纳入帝国的时间至少比罗所认为的早了 20 年。

这种渐进的扩张模式让印加帝国先向南，然后向北拓展。有趣的是，这种扩张模式在菲利普·安斯沃思·米恩斯 1931 年出版，现在看来似乎已经过时了的《安第斯古代文明》（*Ancient Civilizations of the Andes*）一书中就有预示。米恩斯通过阅读印加·加西拉索·德·拉·维加（Inca Garcilaso de la Vega）的重要作品《印加皇家评论》（*Royal Commentaries of the Incas*），提出最初的印加扩张始于13世纪。虽然这些非常早的时间点似乎有些异想天开，但它们确实非常有趣，尤其是结合我们所知道的印加帝国扩张的新时间节点。事实上，印加·加西拉索·德·拉·维加认为，印加帝国的崛起始于第八代印加，维拉科查·印加——帕恰库特的父亲，而不是帕恰库特本人。这种差异很可能是这位编年史学家的身份造成的。

印加·加西拉索·德·拉·维加是西班牙征服者和印加公主的混血儿，因此他有机会获得关于印加崛起的信息。然而，通过他母亲的亲缘关系，他也是托帕·印加·尤潘基（第十代印加）家族的后裔，是帕恰库特·印加·尤潘基家族后代的宿敌。正如秘鲁民族史学家玛丽亚·罗斯沃罗斯基·德·迪耶斯·坎塞科[1]非常有说服力地指出，这很可能给印加·加西拉索的叙述蒙上了阴影。因此，菲利普·安斯沃思·米恩斯在书中对印加历史的叙述，完全基于印加·加西拉索·德·拉·维加的记载，这使前者成为批判的对象——尽管根据新的考古证据，重温一下米恩斯关于印加扩张的宏伟主题和思想是有益

---

[1] María Rostworowski de Diez Canseco，1915—2016年。

的。具有讽刺意味的是，菲利普·安斯沃思·米恩斯在约翰·罗发表关于印加年表的论文的前一年去世，该论文在很大程度上推翻了当时流行的米恩斯渐进扩张模式。事实上，有影响力的学者支持并建立一种主导范式的能力在学界一直有例可循。例如，我们可以看到汤姆·迪尔海（Tom Dillehay）和他的批评者之间围绕美洲早期人类的持续争论；或者关于玉米的驯化，主张中美洲玉米单一产地的人，如多洛蕾丝·皮佩尔诺（Dolores Piperno）和德博拉·皮尔索尔（Deborah Pearsall）与主张多产地的人，如亚历山大·格罗布曼（Alexander Grobman）和杜乔·博纳维亚（Duccio Bonavia）之间也存在持续争论。印加帝国的快速扩张模式一直受到罗和他的追随者的竭力捍卫。

然而现在看来，渐进扩张模式说正在缓慢而持续地卷土重来。这两种模式的共同特点是印加帝国不可避免地扩张，以及帕恰库特·印加·尤潘基在这一扩张叙事中的重要性。即使印加·加西拉索认同维拉科查·印加作为昌卡的征服者，但在米恩斯和罗的复述中，帕恰库特仍然是第一个真正推动帝国形成的人。新兴的测年数据也证明，帝国早期的扩张首先向南推进。

为了与他认为的帝国扩张的较早年代保持一致，米恩斯将帕恰库特的统治时期定在了 1400—1448 年，而不是罗认为的 1438—1471 年。这样一来，托帕·印加·尤潘基的统治时间就是 1448—1482 年，而不是罗的年表列出的 1471—1493 年。最后，米恩斯认

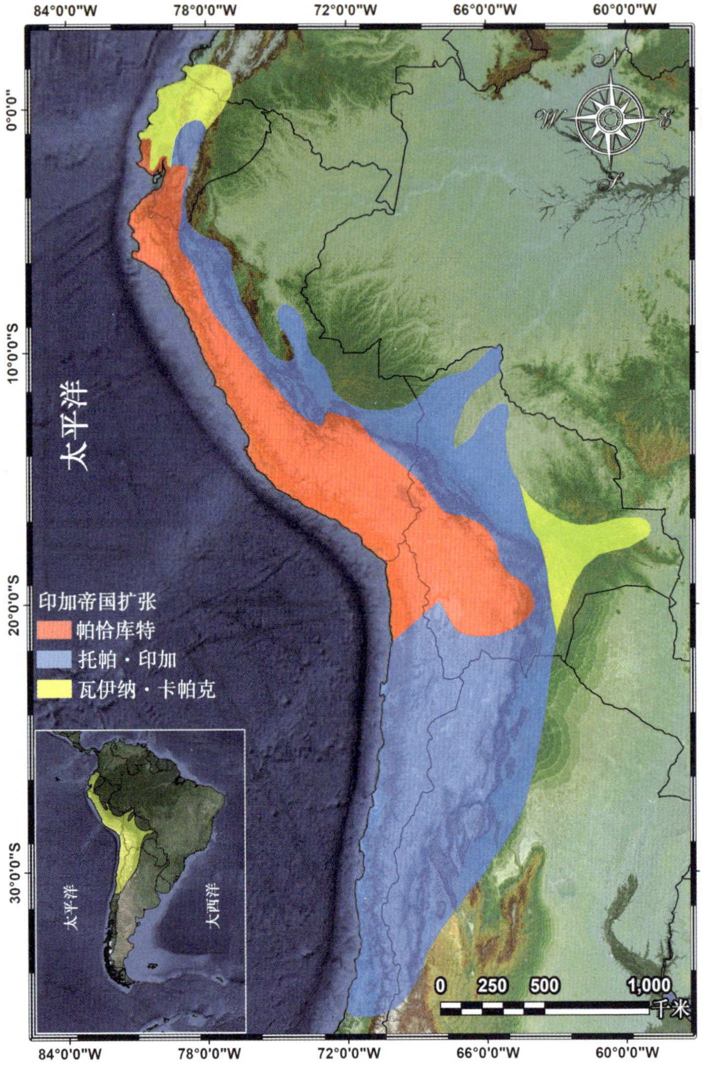

地图 2　印加帝国扩张图，选自约翰·罗
《西班牙征服时期的印加文化》（1946）

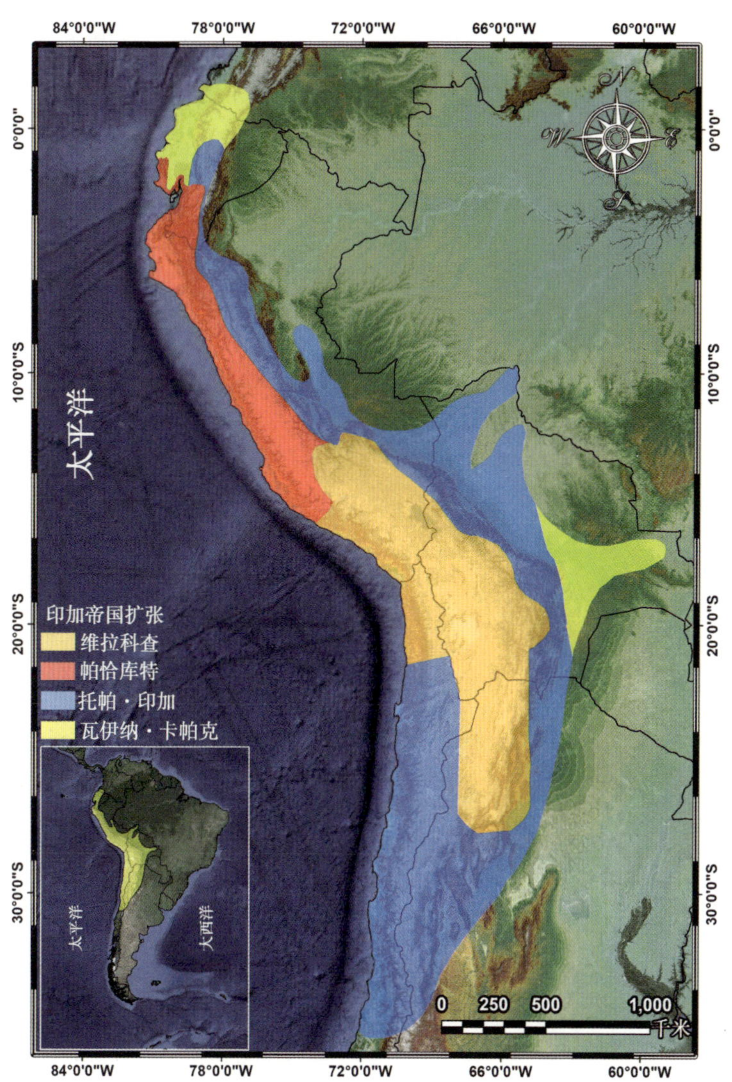

地图 3　印加帝国扩张图，选自菲利普 · 安斯沃思 · 米恩斯《安第斯古代文明》（1931）

为，瓦伊纳·卡帕克1482—1525年在位，而不是罗所认为的1493—1525年在位。在厘清这段叙述时，有关瓦伊纳·卡帕克的日期非常有趣。学者们一致认为瓦伊纳·卡帕克出生于1467年前后，当他成为印加国王时还很年轻——年轻到需要他的两个叔叔瓜尔帕亚（Gualpaya）和瓜曼·阿卡奇（Guaman Achachi）的辅佐，他的早期统治以摄政为标志。如果我们按照罗的年表来计算瓦伊纳·卡帕克的崛起，那么他应该在26岁左右——并非天真的少年，而按照米恩斯的年表，他应该在15岁左右，这是一个更适合被短暂摄政的年龄。最后要考虑的一点是，瓦伊纳·卡帕克的名字在盖丘亚语中的含义，即“年轻的统治者”。

在考虑印加帝国的国祚时，人们可能会想，这额外的几十年是否重要。我的回答是肯定的，因为这能让印加人有更多的时间在安第斯地区巩固地盘。这也解释了为什么他们能够在帝国各地建造大量的基础设施。一个半世纪对于一个如此庞大的帝国来说似乎是很短的时间，但我们应该考虑到，第二英帝国（在失去了后来的美国之后）从1783年持续到1950年，也只有150年多一点。这段时间让国家管理者有足够的时间适应当地的情况，而王室征服神话中不会提及他们。数代地方性群体不得不与王室的代理人互动，遵守他们的规则，如果有必要，后者还会动用武力。例如，在帝国的南部，基于羊驼在运输货物和商品方面，尤其是在战时所发挥的重要作用，因而最初吸引印加人的很可能是一望无际的高海拔草地和羊驼。后来，白银、黄金和其他矿物可能成为帝国在这些遥远的南部地区经略的重要动力。此外，考虑到南部人口相对于北部较为稀少，南部可能比幅员辽阔且组织严密的北部更容易被征服。位于秘鲁北部海岸的奇穆王国，以及人口众多的瓦伊拉斯（Huaylas）、卡哈马卡和今天的厄瓜多尔，都是印加人难以对付的敌人。

在向北扩张之前，印加人首先向南扩张，这也在一定程度上解释了印加语言的不一致性。语言学家一直认为，在基尔克和早期印加时期，库斯科河谷的主要语言是艾马拉语。当时，说艾马拉语的主要地区应该是从库斯科到南部地区。这可能在某种程度上解释了为什么印加人首先向南方扩张，在那里他们使用共同的语言——艾马拉语。艾马拉语的地名遍布秘鲁南部高地、玻利维亚、智利北部和阿根廷，可能表明早期印加人控制了这些地区。直到 15 世纪早期到中期，当印加人向北迁移到人口稠密的盖丘亚语地区时，盖丘亚语才成为库斯科地区和帝国的通用语。

回到印加扩张这个棘手的问题上，虽然罗的编年史年表仍然在现代研究领域占主导地位，但有足够的证据——包括民族史学和考古学证据——开始严肃地就帝国扩张及有关单个萨帕印加的统治时期提出不同的解释。因此，虽然在本书中，我通常使用罗的年表来描述萨帕印加的统治时期，但我确实认为上述论点是一个有力的呼吁，要求重新审视印加扩张和各个统治时期的年代学的复杂性。

到 15 世纪中叶，帝国的扩张导致印加人征服了大量的部落、地区小国和王国，范围可能从智利南部的马乌莱河（Maule River）一直延伸到现在的厄瓜多尔和哥伦比亚边界。印加人很少向东扩张到安第斯山麓以外，亚马孙森林和阿根廷的大草原给他们的扩张提供了不可逾越的障碍，这是一个地理上和经济上的障碍。印加经济与安第斯中部的农业以及羊驼的放牧有着不可分割的联系。从这个意义上说，帝国的东部、北部和南部边界已经延伸到当时安第斯中部农业和羊驼放牧的最大限度。

因此，到 16 世纪初，帝国的边界可能是由青铜时代文明的行政和后勤局限所决定的，也可能是由安第斯中部经济的边界所决定的。这并不是说在印加边境之外不存在农业，只是说对印加人而言，那是一种陌生的生产类型。事实上，可以说，印加人征服已知世界的方式与安敦尼王朝[1]的罗马帝国类似，后者达到了其自诩的最大范围，其边界是他们对当时已知世界的理解。因此，和其他帝国一样，我们必须区分印加真正的边界和帝国的影响与独立的地区性力量相互竞争的临界区。因此，虽然印加人有可能扩张到阿根廷大草原，或智利的最南部，但他们或许没有这样做的意愿，因为

[1] Antonine dynasty，96—192 年。

那里人口基数太低，或者与潜在帝国的中心地区之间的距离太大，使其扩张变得非必要或不可行。我们可以这么说，和罗马人一样，印加人在 16 世纪初征服了所有“已知的世界”——或者至少是他们认为有必要投资的世界。

除了夸大其词的昌卡，印加帝国在扩张的过程中也遇到了有力的抵抗，尤其是坐落在秘鲁北部沿海肥沃山谷中的奇穆王国。当其他族群和文化受到各种威逼利诱时，奇穆王国最终被印加人全面击败，这可以作为体现安第斯最后一个帝国的影响力和实力的例子。一旦被打败，他们便以附庸的方式加入印加帝国，奇穆王公在印加人的监护下继续统治。在与欧洲人接触的前夕，印加帝国占据了南美洲西部的大片地区，从厄瓜多尔和哥伦比亚北部热带地区，到智利和阿根廷西北部的盐场，向东一直延伸到亚马孙森林的边缘，在帝国版图内，汇集了大量不同的民族和文化。考虑到青铜时代的技术局限，这确实是一个了不起的成就。

第3章

权威、信仰与意识形态

秘鲁的印第安人非常崇拜偶像，他们将几乎所有的创造物都当作神来崇拜。

——贝尔纳贝·科博（Bernabé Cobo），

《印加宗教与习俗》（*Inca Religion and Customs*）（1653）

如何统治一个帝国？在印加帝国，最终的权力掌握在萨帕印加（独一无二的印加）的手中，他是“太阳之子”，是神一般的存在。在宗教和国家尚未分离的时代，作为一个活着的神，信仰、社会、政治和经济的权力最终都掌握在印加至尊手中，就像欧洲封建社会与神职人员认可的上帝钦定的君主一样。

然而，考虑到印加帝国的规模，印加君主不可能亲自控制帝国的方方面面，因此他们依赖一个组织良好、运转有效的国家机器，统治从都城和印加中枢到整个帝国的各个省份和大小村庄。印加的统治是直接和间接两种治理模式的混合，尽管大多数当地人很少见到一个活生生的“印加”，但他们的权力涵盖了整个帝国的所有角落。就此而言，有必要强调的是，很少有人是真正的“印加人”；大多数都是结盟关系，他们保持着自己的地方身份，但忠实于印加帝国的理想。事实上，印加人的血统并不强盛，尽管随着某些人的晋升，这一血统的覆盖范围逐渐扩大，但他们的数量相对于帝国的总体人口来说始终很低。

本章将深入探讨信仰是如何成为印加政权——国家意识形态——合法化的基础，同时如何联系起了植根于祖先崇拜和万物有灵论（animism）的安第斯悠久传统。在此，本书将分析印加帝国是如何由国王的近亲管理，如何组织成名为帕纳卡的祖先家族，并由印加贵族监管，他们是被征服且被擢升为荣誉印加人或特权印加人的当地首领，以及当地行政管理者。然而，我们首先要了解印加宗教及其来源。重要的是要认识到印加人的信仰——推而广之，还有意识形态——的大部分内容都不是创新的；相反，印加信仰体系是安第斯高地数百年信仰发展的顶峰。虽然某些方面可能是新颖的，如帝国的太阳崇拜，但他们信仰体系的主要基础根植于安第斯万物有灵论传统，尤其是高地传统。

只要涉及古老文化的信仰，就会出现很多问题。在安第斯地区尤其如此，从原住民的角度来看，在与西班牙人接触之时，安第斯还没有文字；奇普是一种用绳子打结的助记书写方式，它似乎不适合冗长而复杂的叙述，而更适合为简单信息编码，并统计数量。除了一些明显例外的梅斯蒂索人和后来的本土编年史学家，安第斯民间传说的民族史记载通常是由西班牙人在官方活动中撰写的，如进贡或访客列表，以及通过去除偶像崇拜（*Extirpacíon de Idolatrías*）以铲除“异教”习俗的官员。此外，在西班牙征服之后出生的混血作家，也被称为梅斯蒂索人，某种程度上已经脱离了他们所描述的事件和仪式。例如，印加·加西拉索·德·拉·维加在他生命的晚年写道，他大约50年前就离开安第斯山脉前往西班牙；他还写了一篇极具偏袒色彩的文章。这种偏见源于这样一个事实：这些博学的混血编年史学家通常属于印加的某一个帕纳卡，因此美化了他们的家族和祖先的记录。在加西拉索的例子中，这意味着他过分赞扬了他的帕纳卡，即图帕克·印加·尤潘基，第十代印加及其祖先的事迹。

西班牙人如胡安·德·贝坦索斯、萨缅托·德·甘博亚、谢萨·德·莱昂（Cieza de León）和贝尔纳贝·科博的叙述，同样受到早期殖民叙事固有的偏见和成见的影响。这些早期的作者中有许多人不知道也不理解他们所描述的是什么；另一些人则迎合了某种在西班牙会受到欢迎或期待的观点和视角。例如，萨缅托·德·甘博亚就被当局指派去调查并质疑印加人对安第斯地区大片土地的长期的统治权。尽管如此，早期的文献资料仍然是解开本土信仰错综复杂关系的关键工具。对于由去除偶像崇拜运动生成的一组文献来说尤其如此。作为西班牙宗教裁判所的派生物，去除偶像崇拜运动收集和整理了本土的仪式实践和宗教记录。

总之，尽管所有这些叙述——来自原住民的、梅斯蒂索人的、克里奥尔人的和西班牙人的——都为我们提供了宝贵的见解，让我们了解了支撑安第斯山脉印加宗教和政治的前西班牙世界观，但这些叙述都有缺陷，我们必须对它们抱有怀疑态度。另一个重要的史料来源是著名的民族史学家所做的工作，如玛丽亚·罗斯沃罗斯基·德·迪耶斯·坎塞科、杰拉德·泰勒（Gerald Taylor）、彼德·戈斯（Peter Gose）、皮埃尔·迪维奥尔（Pierre Duviols），特别是 R. 汤姆·朱伊德马（R. Tom Zuidema）。他们对民族史资料的批判性评估为这些文献增添了语境和意义，并对阐明过去安第斯的信仰体系、经济、社会和政治不可或缺。

就宗教而言，安第斯高地及印加信仰中有三个重要主题：万物有灵论、神谕占卜和祖先崇拜。在很长一段时间里，万物有灵论曾是原始宗教的同义词，但最近它被解释为某些民族理解世界的一种方式，而并不意味更原始或更先进的属性。因此，万物有灵论可理解为人与动物或环境之间的相互作用或联系，强调赋予万物生命的真实或想象的生命力。在万物有灵的理论中，“神”、灵魂或其表现形式，居住在他们周围的世界中，并积极地表现出来——这是一个真正的完整世界。就此而言，万物有灵论反对许多西方宗教（如基督教）中存在的形而下与形而上的分离。

在信仰万物有灵的安第斯地区，本土族群是居住环境和景观的重要组成部分；实际上，万物有灵论认为整个世界都是有生命的，并且密切相关。在许多方面，人们可以称之为“空间的宗教”（religion of space），强调安第斯信仰真正的覆盖性和信仰范围。即便如此，在这种信仰和万物有灵论的世界观中，世界的某些方面比其他方面更加“充满活力”：本地人称之为 *camac*，来自盖丘亚语的词根“有生命”，也就是“活力”。在一个充满 *camac* 的安第斯世界里，这种活力的主要源泉是瓦卡（*huacas*），尤其是它们“言说”的能力，最重要的是它们能参与神谕占卜。在安第斯山脉，所有的自然现象都是有生命的，或潜在地有生命的，瓦卡是一个特殊的精灵或神，显示为一个物体，一种特征，甚至一种自然现象。这些物体包括木乃伊包（被纺织品包裹起来的死去的祖先）、树木、自然形成的单块岩石或裸露的岩层，以及山脉、丘陵、河流、泉水和各种其他物质形式，包括雨、冰雹、闪电、雷和风。

对这些神祇和精灵的崇拜广泛存在于神殿、庙宇、纪念碑和自然景点，如湖泊、泉源和洞穴。所有这些地方也被统称为瓦卡。一个雕像或偶像是一个常见的瓦卡的化身，特别是如果这是一些不可能具体崇拜的东西，如闪电或雷霆。显然，瓦卡一词也涵盖了它们的表征，因为它们被赋予了精神的本质。这些偶像有许多形状，大小不一，从可以雕刻的石头、木头、面团、骨殖或珍贵的矿物，到普通的岩石和石头（如称作 *conopas* 或 *illas* 的微型雕刻，代表农作物或动物）。*Camac* 的概念强调了瓦卡的主要特征，并通过瓦卡的能力传授神谕的智慧。实际上，瓦卡越强大，随之而来它拥有的 *camac* 越多，它的神性预言或预设的潜在真理就越强大。*Camac* 是一个不断变化的本质，因此民众、瓦卡以及更广泛的有生命的环境之间的关系是复杂且不断变化的。与这些安第斯地区或印加万物有灵论的物质表现的互动必须不断地通过饮酒、供品、问询、崇拜甚至暴力来重新协商，这意味着瓦卡可能是朋友、亲人或强敌。

瓦卡的力量直接来自神谕的天命论，其能量来自它们占卜的准确性。因此，瓦卡的力量根据这种能力的表现而有强有弱。被征服者的瓦卡屈从于征服者的主要瓦卡，因此印加人会将这些当地的神谕作为精神人质带回库斯科。反过来，这些瓦卡在库斯科的意识形态内得以重组，并臣服于印加的主流信仰。当这些瓦卡最终回到原生地时，它们帮助延续了帝国宗教的优势地位。瓦卡的另一个特别有力的表达和更广泛的意识形态征服可以在卡帕科查（*capacocha*）仪式上看到，在这种仪式上，来自外省的儿童成为印加人的祭品。这些孩子是由当地的高官挑选出来的，他们会随着自己的瓦卡到访库斯科，然后随着一种肯定印加权力的仪式被献祭，从而在他们的家园和帝国都城之间建立联系。这个仪式也是一种论坛，外省的瓦卡可以借此与居住在库斯科的印加瓦卡进行沟通。

其中一种类型的卡帕科查仪式要求在山顶献祭儿童，例如阿根廷萨尔塔（Salta）发现的尤耶亚科（Llullaillaco）木乃伊。这种献祭方式在帝国的南半部特别盛行。举行卡帕科查仪式有多种原因，包括在印加军队出征之前。在一个以互惠（reciprocity）为纽带的社会里，卡帕科查仪式是统治者或其代表与众神之间最高等级的礼品交换。

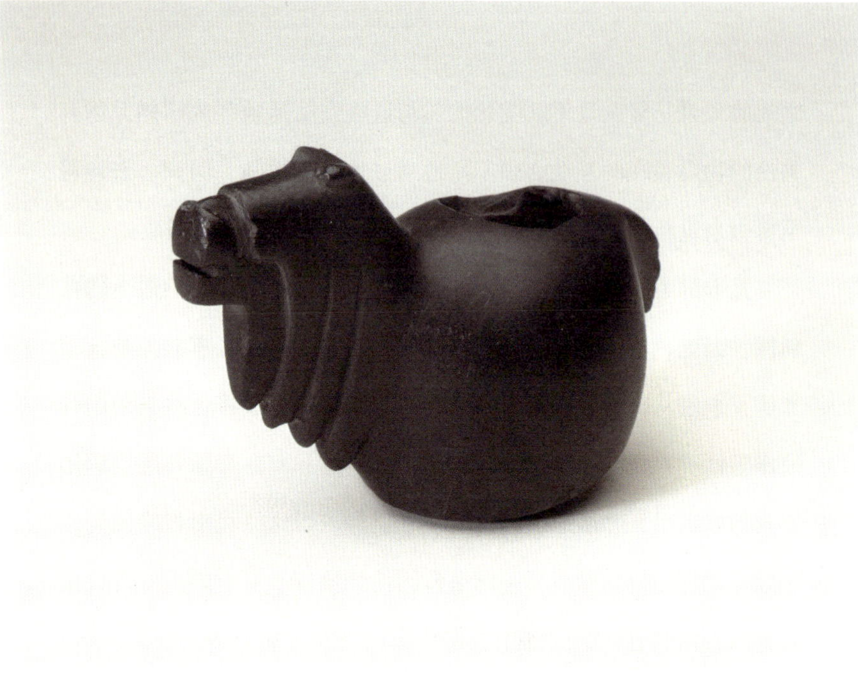

图 13　骆驼石雕，1470—1532 年

图 14　来自尤拉克佩乔的豆荚石雕，潘帕罗马斯，安卡什，秘鲁

与人类一样，瓦卡也有生死。因此，尽管瓦卡是智慧和信息的来源，但它们也可能完全消失。事实上，瓦卡的数量变得如此之多，以至于第十一代印加，瓦伊纳·卡帕克[1]，通过向它们宣战，实际上摆脱了印加帝国大量的瓦卡，从而寻求合理的瓦卡制度。第十三代印加，阿塔瓦尔帕[2]，也摧毁了安第斯中部卡特奎尔（Catequil）的瓦卡神谕，因为它曾预言其兄弟瓦斯卡尔会赢得他们之间的内战。同样，因为瓦卡支持瓦斯卡尔，阿塔瓦尔帕还摧毁了托帕·印加[3]的遗体、随从，以及能找到的托帕·印加的所有后代。

安第斯和印加的灵性文化还包括一种复杂的对死者的崇拜，称为 *mallquis*，崇拜对象通常包括真实或虚构的祖先英雄，他们常被描述为世系或家族以及社群的创始人，被称为阿伊鲁（*ayllus*）。他们也经常被誉为征服者。事实上，死亡并不是与生者互动的结束；相反地，在安第斯山脉，生与死是一个复杂的问题，包括一系列体现生与死之间过渡的阶段。以至于人死后，有可能成为一个善良的、土生土长的有活力的（*camaquen*）祖先，也有可能成为一个邪恶的、游荡的幽灵（*upani*），漫无目的地游荡，以人类为食。而这个有活力的祖先则备受崇敬且成为神谕，本质上成为一个小型的瓦卡。

---

[1] Huayna Cápac，1493—1525 年在位。

[2] Atahualpa，1532—1533 年在位。

[3] Topa Inca，第十代印加，1471—1493 年在位，本身就是瓦卡神谕。

图 15　裹着纺织品和戴有羽毛头饰的银质神像，为在阿根廷尤耶亚科发现的卡帕科查祭品

如果死亡和祖先崇拜是整个安第斯宗教的永恒主题，那么死亡也是过渡和转型过程的一部分，或者意味着与安第斯的“发源地”（origin place）或帕卡瑞纳概念密切相关的复苏和重生。帕卡瑞纳既是死者的最终归宿，也是族群的起源地。帕卡瑞纳作为实体存在，是崇拜祖先的场所和族群或血统的原点。与这些族群的发祥地

密切相关的，是作为祖先崇拜的 *mallquis* 和瓦卡。水是连接安第斯山脉景观中各种帕卡瑞纳的基本元素。想象中的地下溪流和河流使死去的灵魂回到帕卡瑞纳的地下源头，并再次回到尘世。这是一种与核心或首要的祖先团结在一起的仪式，也是对族群身份的重申。从本质上讲，死亡是人类变成木乃伊的过程，在这个过程中的某些情况下获得“活力”（*camac*）：这是成为真正的祖先英雄（*mallqui*）的第一步。（某种程度上这与基督教，尤其是天主教中，凡夫俗子成为圣人的方式很相似。）

还有最后一个层次的神灵：最初的创世神或创世众神。这些神灵在整个安第斯地区各不相同；例如，瓦马丘科地区的人们崇拜阿塔古朱（Ataguju）和卡特奎尔。卡特奎尔本人也有另一个分身，叫皮格拉奥（Piguerao），还有卡特奎尔的妻子玛玛·卡特奎尔（Mama Catequil）。事实上，卡特奎尔被划分成如此多的方面，预示了安第斯信仰和社会的许多共同之处：二者都是内部分裂为不平等但互利的分割的各部分。就此而言，卡特奎尔与皮格拉奥有一种类似的对应，但有些神是由两个、三个甚至更多的方面来代表；巴里亚卡卡（Pariacaca），安第斯中部的另一个神灵，他的身份有五个面相：Pariacaca、Churapa、Puncho、Pariacarco 和 Sullca Illapa，相关文献认为这些是他的兄弟。许多这样的创世神都有从属的亲属性质的神社；例如，卡特奎尔在厄瓜多尔有兄弟神社，而巴里亚卡卡在秘鲁北部也有兄弟神社。

就印加而言，创世及祖先神灵是以维拉科查和印蒂（Inti）为代表的，维拉科查作为创世神，而印蒂（Inti）——太阳神——则是印加王室的主要祖先。就像朝日神（morning Sun）潘乔（Punchao）一样，雷神印蒂-尤拉帕（Inti-Illapa）是印蒂的兄弟，而月神玛玛·基利亚（Mama Quilla）则是印蒂的妻子。四个男性神灵分别作为一个一分为四的宇宙结构的一部分，在库斯科的科里坎查（Coricancha），即印加太阳神庙共同受到敬拜。不过，维拉科查有一种不那么正式的、更遥远的崇拜形式，这种形式与日常的祭拜仪式和事务无关，因为这些更世俗的事务由祖先神（*mallquis*）和其他瓦卡来处理。在维拉科查这一四个男性神的组合体中，潘乔似乎表现为一尊黄金雕像，因此受到更直接的崇拜。潘乔的具体形象包括一个杯子，里面装着用死去的萨帕印加的心做成的面团。1533 年西班牙人占领库斯科时，该雕像得以保存，并被带到比尔卡班巴的印加丛林堡垒，它一直受到人们的敬拜，直到 1572 年印加王国灭亡。

安第斯宗教中暗含的万物有灵论意味着，就像希腊和罗马的神一样，神与世界的关系倾向于模仿俗世生活。安第斯的超自然组织反映了作为社会一部分的许多共同的社会和文化主题。安第斯诸神与他们的妻妾、兄弟和儿子之间经常陷于痛苦的关系，以及他们如何生活、战斗、死亡、复活和生育，都证明了这一点。正如人类学家斯图尔特·格思里（Stewart Guthrie）所作的这样简洁的假设：

“人按照自己的形象创造了神”。

众神之中女性处于附属地位。在安第斯神话中，女性神灵似乎有一种更飘忽不定的特质，尽管这很可能是欧洲将其征服之后的文化偏见，以及早期西班牙殖民时期女性丧失地位和权力的产物。在女性神灵中，特别重要的有两位，帕查玛玛（Pachamama，大地女神）和玛玛科查（Mamacocha，湖泊女神），尽管还有很多其他的女神，包括玛玛·基利亚（月神）、库伊绮（K'uychi，彩虹女神）、其他星座及它们之间的暗斑。除了玛玛·基利亚，这些重要的女性神灵似乎都没有在专门建造的神社中受到直接的敬拜，尽管有可能存在为她们而建的小型神龛。在的的喀喀湖岸边的科帕卡巴纳（Copacabana）以及科里坎查，玛玛·基利亚都作为“太阳神的姐妹新娘”被供奉在单独的房间内。这种女性神灵在男性神灵存在的地方一同受到敬拜的观念，可能在安第斯宇宙观的大部分内容中都存在。因此，帕查玛玛——有时被称为帕查卡马克的妻子，帕查卡马克是安第斯中部海岸强大的瓦卡——很可能在帕查卡马克遗址的大型宗教辖区内受到尊崇。女性神灵通常以男性神灵的母亲、妻子、伴侣和姐妹的身份出现，尽管这并不能消除她们对世俗事务的影响。另外，就像男性神灵一样，女性神灵表现出来的决定行动和事件的力量，也反映了人类社会中女性在重要历史事件中所扮演的角色，比如化解了帝国的数次继承危机。此外，整个安第斯山脉都尊崇帕查玛玛。

从历史上看，女性神灵在文献中一直被忽视，可能是由于最初的男性西班牙编年史学家的偏见，也可能因为她们在安第斯宇宙观中只占很小的一部分。这些女性神灵的另一个共同主题是，她们经常被描述为能够显化成重要的经济作物：如玛玛·莎拉（Mama Sara）与玉米，玛玛·阿克索（Mama Acxo）与土豆，玛玛·古柯（Mama Coca）与古柯。因此，女性神灵可能是一种不同的类型，较少有公然的暴力倾向（如男性神灵那样），而且就像她们显化在农作物上一样，也许表现得更有共情和养育能力。因此，她们对经济的影响力增加了其地理上的普遍性。

随着帝国的成立，印加人声称太平洋和的的喀喀湖是他们最大的帕卡瑞纳，将他们的祖先和造物主维拉科查-印蒂与它们联系在一起。这个策略，类似于挪用神话，有双重目的，其一是重申印加文明作为两个最大且最负盛名的帕卡瑞纳的直接后代，在其他文化群体中的优势；其二，同时也将所有当地的帕卡瑞纳，以及所有神灵和瓦卡都纳入印加太阳崇拜的外衣之下。同样地，切克（*ceque*）也传到帝国的其他地方，这是一种放射状的道路网络，将神社、瓦卡和景观与印加族系、亲属、水权以及灌溉系统联系起来。在库斯科附近，有 328 座神社作为切克系统的一部分呈放射状分布，而在印加历法中，一年的天数也是 328 天。在远离库斯科的地方，这些强势的切克系统可能取代了连接人们和周围生活景观之间原有的朝圣路线。例如，将印加太阳神庙建在帕查卡马克强大的沿海神谕神庙的范围内，也表明了印加太阳崇拜的优势地位，以及帕查卡马克-维希玛（Pachacamac-Vichma）相对于维拉科查-印蒂的从属地位。同样地，类似的类切克系统（*ceque*-like system）可能在印加人之前就存在于后来被他们征服的地区。

但印加人表达信仰的方式与其他安第斯文化的有何不同？巴里亚卡卡和帕查卡马克的创始神话记录了其他民族和其神灵的失败，类似于维拉科查和帕恰库特·印加·尤潘基对抗昌卡和他们的偶像一样。同样有证据表明，许多印加仪式，例如卡帕科查，并不是原创的，而是之前就存在于中北部高地的文化中。因此，这似乎表明印加人与其说是创新者，不如说是整理者，他们重新整合了已经存在的瓦卡、被印加征服的仪式和礼仪以及印加维拉科查-印蒂神的宇宙宗主权观点。变化在于印加人如何将各种各样的祖先、神灵融入他们的万神殿中。然而，瓦伊纳·卡帕克对外来祖先和神灵的清除表明，有时可能神满为患。

除了主要的神谕者，如维拉科查、阿普里马克（Apurímac）和帕查卡马克，他们有正式的庙宇和土地，并有一个按等级制度安排的祭司和随从的组织，而对于地位较低的地方瓦卡来说随从数量或建造的庙宇很可能更加随意。例如，有证据显示，在中北部高地的卡查坦博（Cajatambo）和雷奈伊的社区中，祭司是从居住在当地社区的族群中挑选的。同样，随着土地被转移给瓦卡，似乎在更高的神灵之间有了更正式的划分。然后，这些神灵正式拥有土地，由特殊的仆人或社区管理，以养活主要的瓦卡和他们的祭司随从。话虽如此，关于西班牙在安第斯山脉反对偶像崇拜的官方文献中也确实有许多地方瓦卡获得作为随从的祭司、仆人、土地和动物的例子。

这种为神灵划分土地的做法在印加时期得到了最充分的体现，包括将土地分给重要的瓦卡，以及印加不同的王室帕纳卡或家族。考虑到印加人以自己的方式体现神灵，这并不令人惊讶。在地方层面，西班牙殖民当局后来在将社区土地从瓦卡土地中分离出来时，他们遇到的困难反映了这两种土地状况之间的区别很难分辨（如果算上印加国王的土地，是三种）。分给瓦卡的大部分土地和物品可能都是以非正式的方式挑选出来的：主要是基于本地仪式实践需要，而不是作为印加国家议程的一部分，或作为给主要瓦卡的特定捐赠。在安第斯世界，世俗财产和宗教财产之间不存在严格的划分，特别是考虑到印加国王的神圣地位。

从本质上讲，印加和安第斯信仰的根源是通过神谕性占卜投射出的一种强烈的以祖先为中心的万物有灵论。反过来说，这一信仰体系将自然景观和环境的整体作为舞台、道具和线索，通过将事件、精神、祖先和神灵表现为具体生动的人物形象，从而与世人进行联系、结合和互动。就此而言，印加人的信仰与同时代的其他信仰并没有什么特别的不同。事实上，有证据表明，印加的信仰体系，就像印加帝国一样，在16世纪早期可能一直在变化。考虑到印加帝国的鼎盛时期相对较短，帝国制度很可能还没有完全成熟，并未形成一种更持久和稳固的形式。

这可以从第十二代印加瓦斯卡尔遇到的问题中看出，在他统治时期，多达11个死去的印加国王拥有祖先身份，瓦斯卡尔削弱他们家族权力的举措受阻不小。类似于安第斯社会的其他部分，以及继承权分割制度，印加统治者死后，他的子嗣继承王位，而已故的印加王室家族（帕纳卡）保留其财产和土地，并对这位已故但受尊敬的人履行职责。事实上，考虑到安第斯人祖先崇拜的信仰和虽死犹生的精神，一个已故的印加君主并没有消亡或无所事事；相反地，他成了一个受人尊敬的祖先崇拜（*mallqui*）的对象，能够通过中间人干预和管理他的土地及人民。其中一些帕纳卡，如第九代印加，帕恰库特[1]，拥有大量财产，非常强大并且倾向于反对现行的统治者萨帕印加的命令。在与各王室家族针锋相对的过程中，瓦斯卡尔反对的是一种较早的分隔或分层式领导方式，这种领导方式有效地遏制了帝国政治和宗教集权的兴起。

虽然印加宗教源自泛安第斯宇宙观传统中类似的信仰，但由于

[1] 1438—1471年在位。

帝国的经历，它在15世纪也发生了变化。这种变化可能是印加扩张期间接触到新思想的结果，这些新思想来自组织良好的异教，包括中部和北部海岸的帕查卡马克-维希玛和奇穆王国的信仰。这表现在印加帝国试图创造一种泛安第斯崇拜，以颂扬萨帕印加（独一无二的印加）和伴随的众神，并以维拉科查的不同方面——太阳神（印蒂）、雷神（印蒂-尤拉帕）和朝日神（潘乔）——为中心。这些也有助于在新征服的领土上使印加帝国合法化。这让人不禁设想，如果西班牙人没有到来，而且印加帝国发展到了一个更加成熟的阶段，并拥有包容一切的宗教和政治风气，那么印加宗教会如何发展。

印加国家信仰的脆弱性可以从地方群体在西班牙人到来后轻易抛弃印加宗教核心的太阳崇拜来衡量。究其原因，可能并不像人们所说的那样，是一个外来的概念；维拉科查-印蒂教派的许多重要组成部分也存在于其他主要的安第斯创世神教派中，例如中部海岸和高地的帕查卡马克-维希玛和阿塔古朱-卡特奎尔（Ataguju-Catequil）教派。更确切地说，问题在于印加人没有足够的时间来巩固他们处于宇宙观体系顶端，且包括了所有地方性和区域性崇拜的太阳崇拜的信仰。事实上，安第斯山脉地区在这个时候拥有过多的仅与印加的主流信仰松散地联系在一起的地方神庙和相应的瓦卡。最终，就像将帝国紧密结合在一起的社会、文化和经济纽带一样，事实证明，他们根基太浅，无法在即将到来的欧洲冲击中幸存下来。

图16 《第十代印加国王帕恰库提肖像》[1]，
作者不详，18世纪中叶，布面油画

总之，在此期间，印加政府、行政人员和更广泛的民众被一种具有约束力的、尽管尚不成熟但具有核心意识形态的精神维系在一

[1] *Pachacuti*, *Tenth Inca*.

起。在泛安第斯万物有灵论信仰传统的基础上，印加人有着强烈的祖先崇拜意识，他们将被神化的领袖供奉在国家宗教中，崇拜太阳神（印蒂）及其妻子月神（玛玛·基利亚）和他们的创世神维拉科查。印加人没有压制被征服民族的信仰，而是将当地的神灵、圣地或圣物（瓦卡）以及神圣的石碑纳入他们自己不断扩大的万神殿之中。这些都是通过切克连接起来的，最终从科里坎查（库斯科的太阳神殿）辐射到整个帝国。特定的庆祝之日将地方性节日与库斯科的主要节日联系在一起。其中一个例子就是 8 月举行的播种玉米节（*Yapaquiz*），它始于印加人象征性地在库斯科破土开播。地方的祭司会在帝国各处的土地上模仿印加人的做法，开始播种安第斯山脉和印加帝国最重要的作物之一。

这样的信仰组织，在维拉克·乌木（Villac Umu），或帝国大祭司的领导下，将帝国团结起来，且只对萨帕印加本人负责。另一个次要的宗教阶层是贞女（*acllas*），这是一群从整个帝国的社区中特别挑选出来的女性，她们作为印加君主和其贵族的次等妻子或嫔妃，也承担其他的仪式功能。这些人中体貌最完美的人有时会被挑选出来用于卡帕科查的祭祀仪式。在特殊的地点，如山顶，甚至湖边，这些特殊的人祭（通常是儿童和青少年）仪式有助于将社区（负责提供祭品）与帝国联系起来，通过共同的仪式和典礼将这二者联系在一起，这有助于在地方背景下重申对国家的认同。

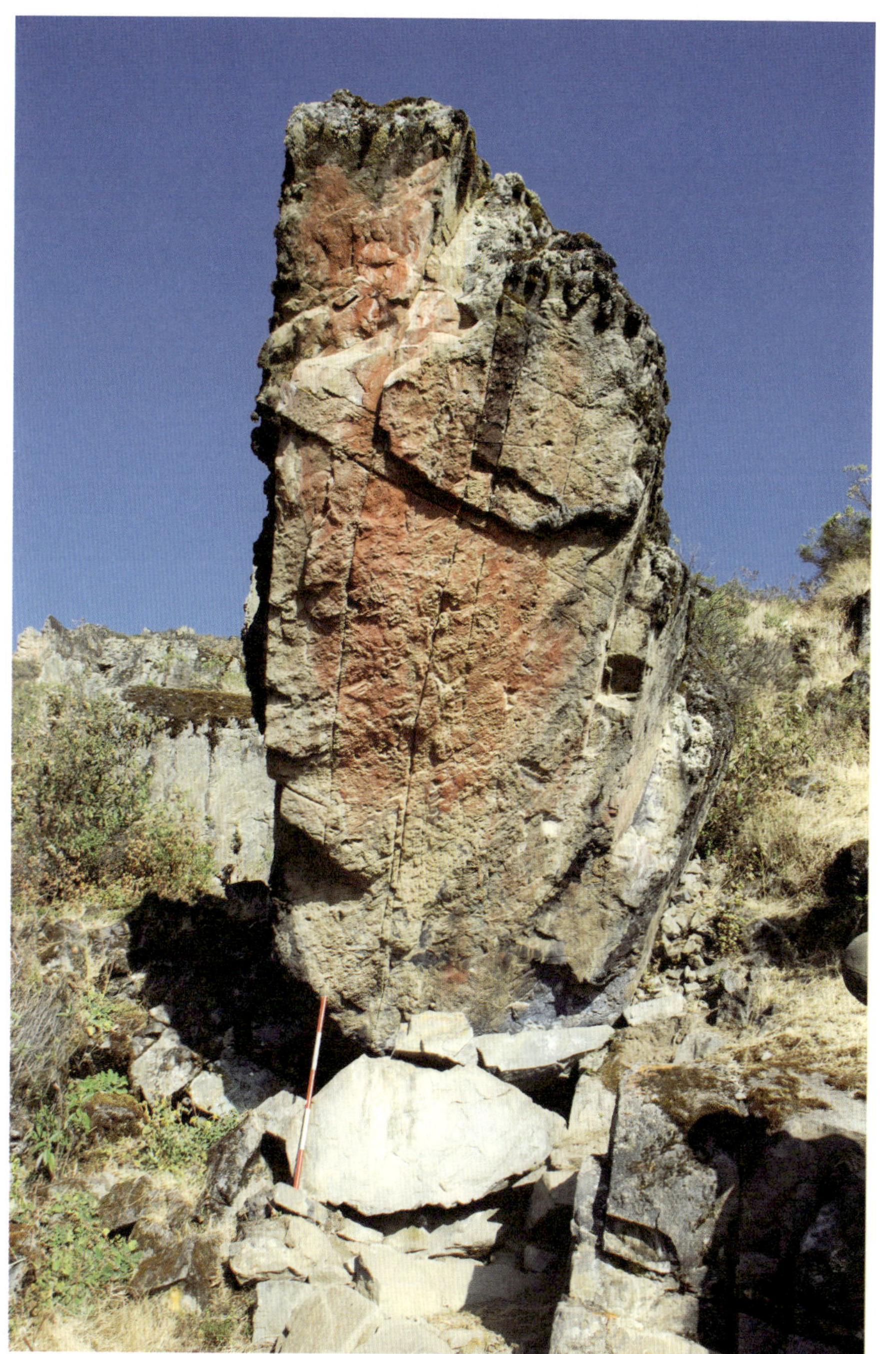

图 17　彭普米亚克的红赭色圣石，潘帕罗马斯，安卡什，秘鲁

最终，这个压力巨大的体系遭遇了危机，首先是第十二代印加瓦斯卡尔的改革尝试，随后是他和他的兄弟阿塔瓦尔帕之间的内战，最后是西班牙征服者的到来及其引发的帝国溃乱。

第4章

技术与建筑

……他们擅长平坡修路、建造堤道、修筑梯田，以及挖掘隧道。他们在机械设备方面的不足，通过把无限的人手派到他们可能承担的任何任务上，得到了充分的弥补。

——菲利普·安斯沃思·米恩斯（Philip Ainsworth Means），《安第斯古代文明》（*Ancient Cvilizations of the Andes*）（1931）

英语中的“技术”一词（technology）——源自希腊语 *techne*，意思是“科学的技能”——这个词涵盖了广泛的主题和论题。对于印加人，以及整个安第斯山脉地区，我们可以对不少技术做出评估，虽然某些技术在他们之前就已经存在，但在晚同一期（公元 1450—1532 年）得以完善。我们将印加人的技术分为三种主要类型：交通技术（道路与书写）、经济技术（水利与编织）和建设技术（建筑与城镇规划）。在这个独特的安第斯帝国的形成过程中，这三类广泛的技术领域交织在一起。对一个原始的帝国来说，外部（安第斯之外）的影响并不存在或微不足道。

在 20 世纪 60 年代，开创性的理论考古学家刘易斯·R. 宾福德[1]，继进化人类学家莱斯利·A. 怀特[2]之后指出，鉴于过去

[1] Lewis R. Binford，1931—2011 年。
[2] Leslie A. White，1900—1975 年。

人类生存的社会和物质需求，文化是人类适应环境的外在——即外在于身体的——手段。同样，我们可以将世界上所有的人看作共享一个相似的生理和心理硬件，其中文化、创新和技术是学习的活跃的软件，以引导人类和社会的发展。

以安第斯山脉为例，它在数千年来几乎完全与外界隔绝，形成了一系列完全独特的社会形态，并在印加时期到达顶峰。西班牙人常常无法理解这个社会的习俗、知识和技术。例如，西班牙人征服安第斯山脉时，征服者弗朗西斯科·皮萨罗的私人秘书佩德罗·桑切斯·德·拉·奥斯[1]惊叹于用石头、木头和绳索编织成的横跨山谷的印加悬索桥。然而，就像他的许多同胞一样，他也害怕这种悬索桥——尤其是它们似乎神奇地飘浮在空中。现代悬索桥在19世纪才由工程师建造出来，而悬索桥在安第斯高地的使用比西方的同类发明早了数百年。

就交通技术而言，最令人印象深刻的印加遗迹可能是被称为“卡帕克路”（Capac Ñan）的道路网，覆盖了大约40000千米的道路，连接了2000多个聚落、行政中心、饭馆或客栈（*tampu*）、仓储设施（*collcas*）和驿站（*chasquiwasi*）。卡帕克路横跨贫瘠的高地、青翠的山谷和薄雾笼罩的海岸，将帝国连接在一起，让地方当

---

[1] Pedro Sánchez de la Hoz，1514—1547年。

局和印加帝国能够密切关注其控制地区的动向，并在整个地区调动军队、人员和资源。卡帕克路的早期研究者约翰·希斯洛普（John Hyslop）在20世纪80年代对这个道路网进行了首次大规模调查，他有时步行，有时骑马、开车甚至骑摩托车，对道路的长度和宽度进行测量。2014年，哥伦比亚、厄瓜多尔、秘鲁、玻利维亚、智利和阿根廷等国以希斯洛普的研究成果为重要基石，将印加古道提名为世界文化遗产，其地位与安第斯山脉的其他考古遗址类似，比如秘鲁北部奇穆王国的首都昌昌，以及马丘比丘，帝国第九代萨帕印加，即帕恰库特·印加·尤潘基在印加低地的皇家休养所。

虽然这个道路网的个别路段看起来并不显眼，但从整体上看，这是一个令人印象深刻的建设壮举：完全是人力完成的大型工程，最多在建造过程中使用了石头或青铜工具。尤其是通向北方的主要干道大多是精心设计的，有宽阔、比例匀称、明确划定的通道，曲折的阶梯，以及分配合理的道路设施，如排水沟、涵洞、垛墙和堤道。后来成为印加研究专家的结构建筑师格拉齐亚诺·加斯帕里尼（Graziano Gasparini）和路易丝·马戈利斯（Luise Margolies）将其描述为“权力建筑”，印加人试图利用其功能、美观和规模来震撼和威慑当地民众。同样，学者们认为，像印加古道这样的大型工程是“浪费开支”，因为它在满足基本功能需求之外作了过度设计。

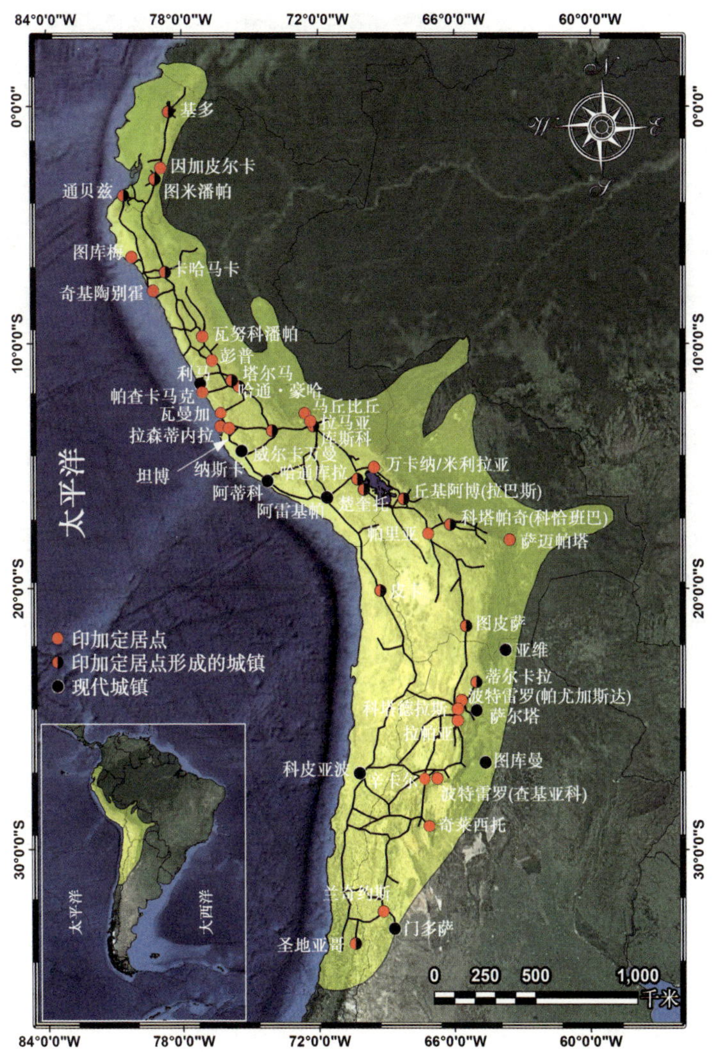

地图 4 印加帝国地图和道路网络，选自特伦斯·N. 达特罗伊《印加帝国财政》(2014)以及马尔蒂·帕西宁《塔万廷苏尤：印加帝国及其政治组织》(2003)

图 18　奥兰塔坦博的储存点（*collcas*），乌鲁班巴山谷，秘鲁

然而，它证明了印加人的力量，他们能够利用大量的劳动力来建造和维护这个技术奇迹。无论何时何地，只要你看到卡帕克路，你就知道你身处真实存在的印加帝国之中。500 年后，这条大道的许多路段仍然存在，这对它的建设者来说是一个永恒的见证。

主要道路从都城库斯科向四个方向辐射，覆盖了印加帝国，或塔万廷苏尤，这一名副其实的“四方之地”的四个区域。在这个基本的无所不包的交通网络之中，是无数的道路、小径和通道，经由

图19 **印加道路，圣地亚哥德乔科沃斯，万卡韦利卡，秘鲁**

复杂的附属设施（客栈和驿站）、行政中心和小型聚落构成的网络，将帝国的省会城市，如辛卡尔（Shinkal）、彭普（Pumpu）、坦博·科罗拉多（Tambo Colorado）和哈通·豪哈（Hatun Jauja）连接起来。在各个省份，有一种特殊类型的聚落，可以作为“新库斯科”，如瓦努科·潘帕（Huánuco Pampa）、基多（Quito）、图米潘帕（Tumipampa）、哈通库拉（Hatunqolla）、查卡斯（Charkas）和因卡瓦西（Inkawasi）。根据印加学家特伦斯·N. 达特罗伊的说法，这些遗址在概念和宇宙观上都试图在各省份复制印加首都，充当仪式和礼仪的中心，旨在加强地方上的帝国理想。这种复制延伸到聚落中心，它们有自己想象中的局部切克道路系统，从中心辐射出来，利用当地的神社和预先设定的朝圣路线，将印加人的亲属关系和宇宙观联系起来。

在建设这个庞大的交通网络时，卡帕克路建立在早期的通道、道路和小径上，尤其是瓦里帝国原有的道路，并通过使用当地徭役（corvée）劳工（*mit'a*）来扩建、优化并加以维护。在卡帕克路的所有建筑项目中，悬索桥深深印在了编年史学家、旅行家和其他专家学者的脑海中。在帝国的鼎盛时期，有 200 多座这样的桥梁；这些悬索桥固定在岩石或特制的石柱上，横跨安第斯山脉的山谷和峡谷。19 世纪的探险家和考古学家伊弗雷姆·乔治·斯奎尔（Ephraim George Squier），在 1865 年途经并描述了其中最著名的阿普里马克桥（Apurimac Bridge）；而此后不到 20 年，它就被废弃了。在阿普里马克桥最完备的时期，它的长度可能有 45 米，向下倾斜到仅比喧嚣的阿普里马克河高出 35 米的地方。

如今在阿普里马克河上，仅存为数不多的几座印加悬索桥。但在靠近库斯科的奎休村（Quehue）附近，阿普里马克河在这里形成了一个 36 米宽的峡谷，河上横亘一座悬索桥，村民们每年 6 月用编织的草绳重建这座桥，作为一年一度的节日的一部分。就此而言，每年的重建工程为我们提供了一个观察的窗口，以更多地了解围绕古老的安第斯桥梁建设的本土仪式、尊崇敬意和工作节奏。这些桥梁能够承受相当的重量，据估计，即使在剧烈摇晃的情况下，一些较大的桥梁在任何时候都可以承受超过 90 吨的重量。事实上，征服秘鲁的历史记载了许多过桥（bridge crossings）攻击，其中臭名昭著的包括塞巴斯蒂安・德・贝拉尔卡萨（Sebastián de Belalcázar）麾下嗜血的骑兵，在 1534 年越过这些壮观的桥梁远征并洗劫基多。

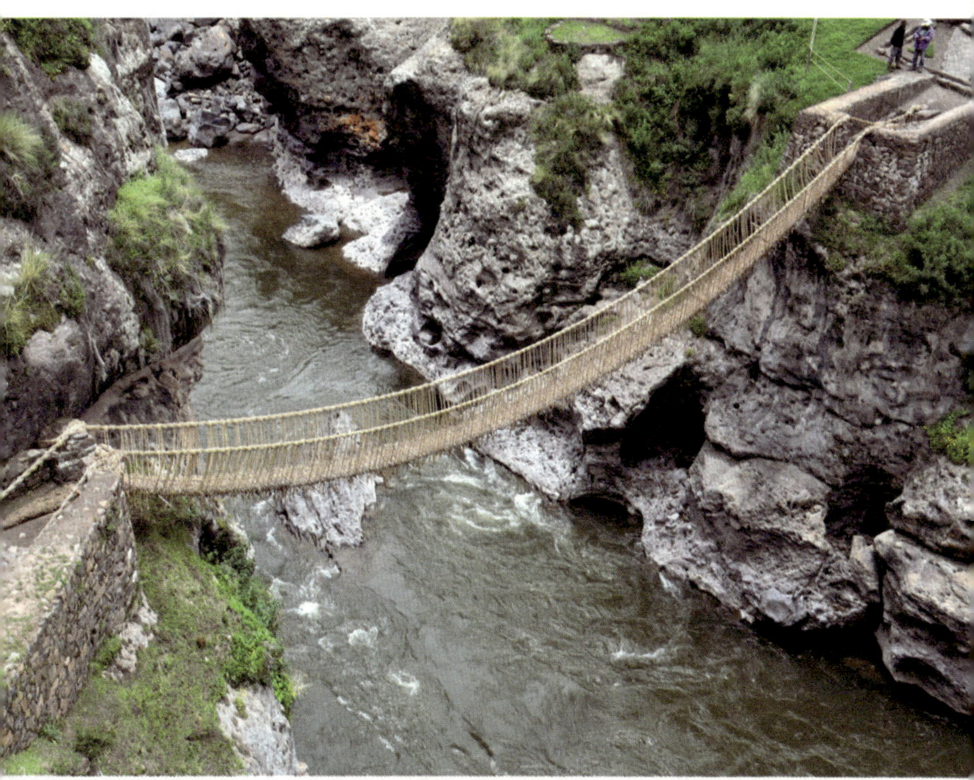

图 20　奎休村附近的克斯瓦恰卡悬索桥，卡纳斯，秘鲁

尽管卡帕克路令人印象深刻，却是卑微的印加信使（*chasqui*）来回穿梭于路网之中，将整个帝国联系在一起。正是他们在帝国各地传递消息和邮件，在不同的驿站和客栈之间进行6—9千米的接力工作。以这种方式运输货物和传递信件，每天的行程可达250千米，因此从基多到库斯科大约需要一周的时间（行程1700千米）。这是很快的速度了，特别是考虑到整个行程是徒步。据西班牙编年史学家贝尔纳贝·科博所说，印加人通过信使从太平洋接收新鲜的鱼类，在不到两天的时间里需要跨越大约350千米的距离。信使体格健壮，受过良好训练，能很好地适应安第斯山脉的低氧环境，以及海岸的酷热，他们随身带着一只*pututo*——一种由生长在厄瓜多尔和秘鲁海岸的东太平洋巨螺[1]的壳制成的号角。在接近下一个驿站的时候，信使会吹起号角，从而提醒下一站的信使作好准备。

虽然萨帕印加、他的妻子和臣属的盘子里盛着的鲜鱼和其他海产品非常受欢迎，但信使的主要职责是向整个帝国传递信息。他们通过传递奇普来完成任务，奇普是印加人用于记录的绳结设计。任何一个庞大的政治实体都不可能没有保存记录的手段，印加帝国也不例外。然而印加人并没有发展出一种真正的书面语言；相反，相当独特的

[1] Giant Conch，也称*Lobatus galeatus*。

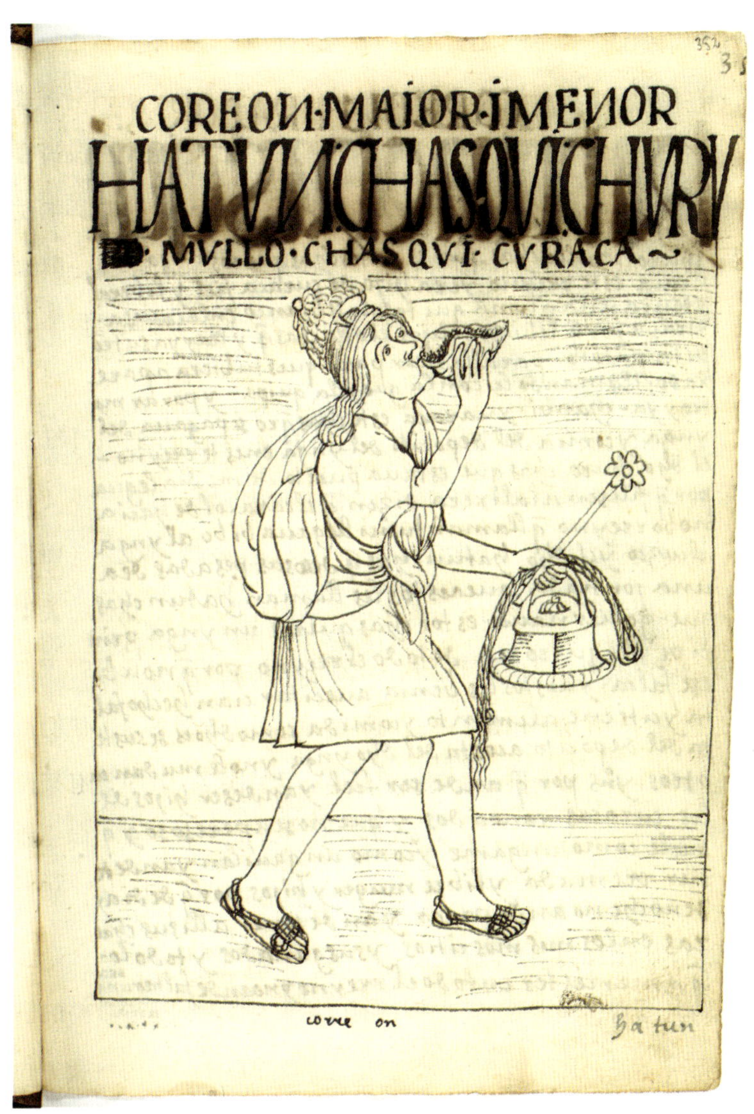

图21 驿站信使画像，选自费利佩·瓜曼·波马·德·阿亚拉《新纪事与良好政府》（1615）

是，他们创造了奇普：通过别致的彩绳或绳结，传递人口普查、贡品和存储记录，以及用于记录更复杂的信息，如叙事，包括宗谱数据、房产契约和财富。在传递信息的过程中，信使会记住一段简短的口述信息，并携带一种经过特殊编码的奇普，对信息进行详细说明，然后由奇普卡马约克斯进行解读。与最早的中东苏美尔-阿卡德（Sumero-Akkadian）楔形文字一样，这些奇普为帝国提供了必要的行政资源。

奇普由一根较粗的主绳组成，这根主绳由棉花或驼毛纤维制成，由这根主绳辐射出带结的垂绳，有时垂绳本身也有进一步（辅助的）分支。当代考古学研究表明，奇普不是印加人的发明，而是起源于以阿亚库乔高地为中心的中同一期的瓦里帝国。然而，关于奇普可以追溯到安第斯前陶器时代晚期的理论则是异想天开。正如前面提到的，瓦里人也是了不起的筑路者，引人深思的是，他们是否也像印加人一样，有一个类似于信使的驿站网络。瓦里拥有某种奇普的事实也打开了传播技术在更大限度上的可能性，从中同一期最初几个世纪的社会分裂和晚中间期（公元1000—1450年）的自相残杀，一直到印加帝国的崛起。

至于奇普，绳索的颜色、绳结的位置和类型都传达了重要的信息。不幸的是，完全破译奇普的尝试迄今尚未成功，因为尽管一些早期的西班牙和本土编年史学家，如布拉斯·巴莱拉[1]、印加·加西拉索·德·拉·维加和安东尼奥·德·拉·卡兰查[2]做出各种努力，试图传递奇普卡马约克斯是如何编辑数据和信息的，但他们未能忠实地记录奇普编码系统的无数复杂之处。我们所知道的是，2/3 的奇普使用十进制编码，这与印加以十进制为基础的管理

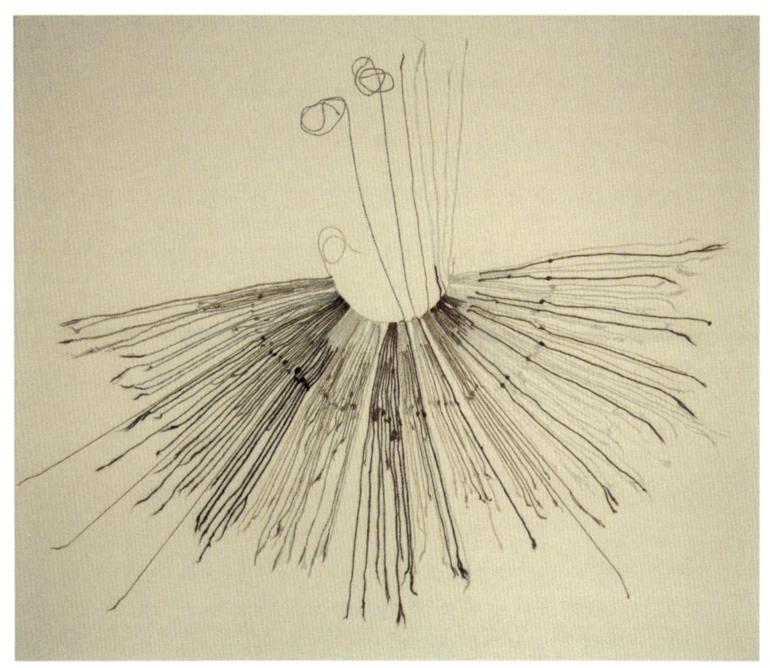

图 22　奇普绳结，约 1400—1532 年，由棉花和驼毛纤维制成

[1] Blas Valera，1545—1597 年。
[2] Antonio de la Calancha，1584—1654 年。

系统相吻合，这可能是奇普内部信息（尤其是各类人口普查数据）处理的一部分。剩下的1/3可能是一个更加基于叙述的系统，用于传达上述提到的不同类型的数据和信息，包括系谱、创始神话、历史和传说。

此外，早期西班牙政府虽然使用奇普卡马约克斯提供的信息来解决税收和产权问题，但奇普的使用急剧下降，原因是西班牙人对一种仅由土著精英控制和理解的通信系统心存疑虑。再者，天主教会越来越担心这些绳结蕴含和传播异端信仰的潜力。这导致了奇普被大规模地焚烧，奇普卡马约克斯的活动被进一步限制。同样的事情也发生在精美的中美地区手抄本上。作为有组织的大清洗的一部分，许多手抄本被烧毁，因此只有四本玛雅手抄本（还有其他六本非常残破的手抄本是在考古发掘中发现的）和大约500本阿兹特克手抄本留存下来。同样，现在保存下来的奇普只有约1045个，其中哈佛大学奇普数据库（Harvard University Khipu Database Project）详细记录了630多个奇普。

事实上，众多现代奇普研究的先锋，包括卡丽·布雷津（Carrie Brezine）、乔恩·克林丹尼尔（Jon Clindaniel）、萨拜因·海兰（Sabine Hyland）、薇薇安娜·莫斯科维奇（Viviana Moscovich）、弗兰克·萨洛蒙（Frank Salomon）和加里·厄顿（Gary Urton），都认为突破近在眼前。最近的一项研究显示，在殖民地的一次人口普查中登记的总数与1670年对秘鲁中北部圣谷（Santa Valley）的圣佩德罗·德·科龙戈（San Pedro de Corongo）印第安人进行的税务记录，以及附近发现的被称为“拉迪卡蒂或圣谷奇普”（*Radicati or Santa Valley Khipu*）的绳结之间存在相似性，表明他们可能在记录同一件事。即使这可能是我们的第一个真正的“罗塞塔”[1]奇普，我们应该认识到，虽然两者的信息可能相似或相同，但我们距离破译奇普的细微差别和复杂之处还有很长的路要走。可以说，我们已经迈出了重要的一步，但如果要达到真正“读懂”印加历史的阶段，还需要做更多的工作。

奇普的本质是编织艺术，安第斯文明代表了当时的世界布艺和纺织技术的巅峰。得益于来自海岸的驼毛纤维和海岛棉（*Gossypium barbadense*），安第斯山脉的原住民成为技术娴熟的纺织工人，他们生产出有史以来质量最好的布料和纺织品。很可能在初始期（公元前3000—前1200年），他们就已经开发了各种织机，如背带织机、立式织机和卧式织机。学者们解释说，在安第斯社会中，纺织生产及其炫耀性使用是衡量财富的真正标准。照此标准，穷人就是没有亲属和其交换布匹的人。

在印加时代，布料根据质量分为两类，孔比呢（*cumbi*）是高级布料，阿华斯卡布（*ahuasca*）是低级布料。孔比呢是专门为印

[1] Rosetta，指在埃及城市罗塞塔发现的一块古代石碑，上面刻有古希腊和古埃及的文字。——译者注

图 23　高级孔比呢印加长袍或罩袍，上有名为托卡普（*tocapu*）的方形图案，1400—1532 年

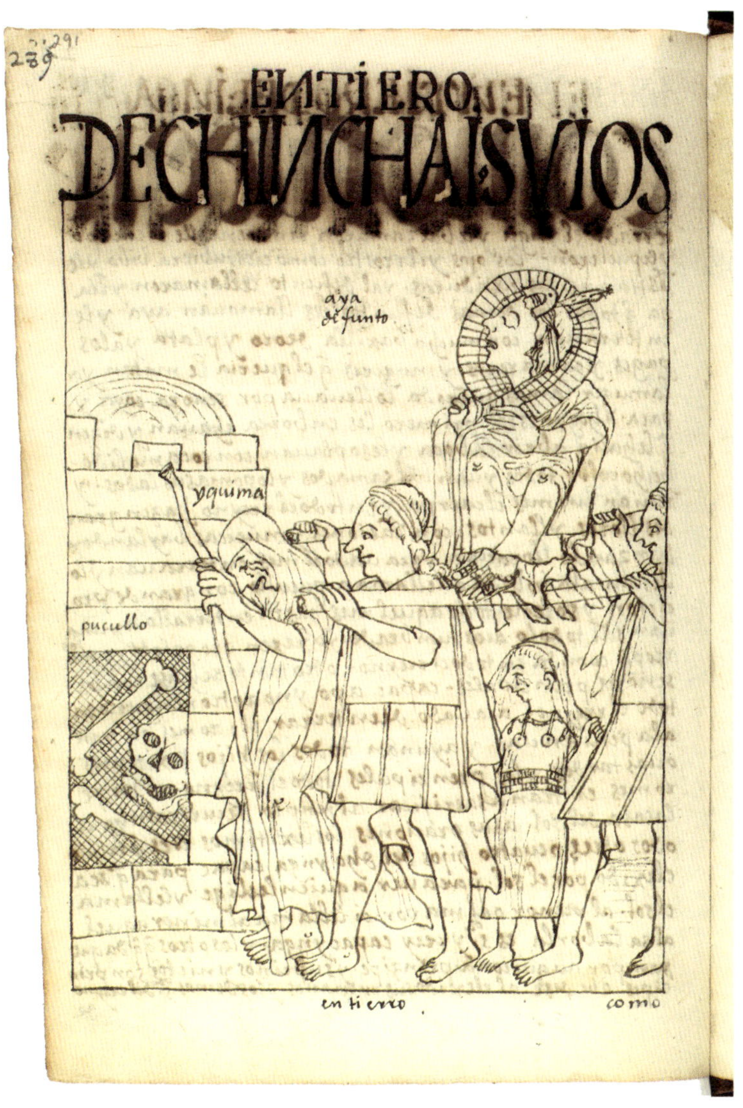

图 24　一具木乃伊包，选自费利佩 · 瓜曼 · 波马 · 德 · 阿亚拉《新纪事与良好政府》(1615)

加国王、贵族和官员编织的，由被称为 *cumbicamayocs* 的女性织工或印加国王自己选择的“贞女”（*acllas* 或 *acllacuna*）织成。阿华斯卡布更多用于平民的家居服饰，他们自产自制，并作为向地方领主和印加帝国进贡的一部分。一般来说，孔比呢及其纺织品是印加国王及其指定的管理者分发给外省领主的慷慨赠予中不可或缺的物品，以确保他们保持忠诚。事实上，纺织品对印加人和他们的同时代人是如此重要，以至于经常被用作他们的神和瓦卡的祭品。布料和纺织品也是包裹已故亲人的重要材料，是制作木乃伊包或受人尊敬的神圣的祖先不可或缺的组成部分。

如果说道路和纺织品把印加帝国联系在一起，那么人类对环境的利用则为安第斯山脉地区的生命提供了必要的资源。就此而言，南美洲文明的关键在于对水的掌握。这种掌握带来了景观的全面改变，使偏僻和贫瘠的土地提升了生产力。这并不是巧合，披着各种外衣——尤拉帕、图努帕、利比克、巴里亚卡卡、卡特奎尔——的雷神即使不是最重要的神，也是安第斯万神殿中地位最高的神之一。对印加来说，尤拉帕与印蒂（太阳神）、维拉科查（印加创世神）和潘乔（朝日神）组成了一个四重奏。事实上，在阳光普照的沿海地区，如果没有灌溉，生产就会被限制在河流两岸的土地上；而在令人眩晕的科迪勒拉山谷内，充足的雨水必然导致严重的山洪和强烈的大气蒸发（在高地，高海拔会使大气中的水分蒸发程度提高)。因此，对安第斯原住民来说，资源的留存和利用曾经是(现在仍然是)一个主要的问题。

水利技术是解决这些问题的关键。考虑到安第斯山脉的地理分布，这种水利技术可以大致分为沿海型和高地型。虽然这两个地区使用的技术有相似之处，例如灌溉渠，但由于当地居民的不同需求，以及景观、排水和整体利用率的特点，这两个地区采取的建筑技术也有很大的不同。沿海沙漠地带水利的主要特征是泄洪，而不是蓄水，拥有如灌溉渠、过滤通道和导流堤等特征，形成依赖洪水和灌溉农业的系统，而地势垂直的高地、狭窄的山谷和潘帕斯大草原的高地（*pampas*)，则偏爱强调蓄水的技术。此外，沿海地区的水利技术主要用于农业生产，而高地区域则显示出多种多样的技术特征，迄今为止并没有简单地归类为单纯的农业生产。事实上，直至今日，在许多情况下，高地的水资源技术仍可以满足农牧民的利益和需求。

在安第斯山脉地区的水利工程中，最普遍的可能是灌溉渠：它们的作用就是把水从水量充足的地方输送到需要水的地方。然而，这掩盖了灌溉网络潜在的复杂性，尤其是在极度干旱的地区，如南美太平洋沿岸和高海拔沙漠，这些地区横跨了现代阿根廷、玻利维亚和智利之间的交会处。事实上，安第斯山脉中部的运河网络既广泛又复杂，也很古老。因此，灌溉渠在安第斯地区有着悠久的历史，特别是在山脉和海洋之间的沿海干旱地带。灌溉渠的出现大约在公元前 3400 年，也许可以追溯到公元前 4700 年北部海岸的扎纳山谷（Zaña Valley）。事实上，整个海岸都有一系列大大小小的运河纵横交错地穿过山谷，有时甚至在山谷之间。就此而言，沿海的莫切文明和奇穆文明因其在水利管理和广泛的水渠建设方面的娴熟技能而闻名。其中就包括由奇穆人在公元 1200 年前后修建的了不起的奇卡马-莫切渠（Chicama-Moche Canal）。这条长达 70 千米的水渠显然是为了弥补莫切河谷的缺水问题而修建的，但可能因为地震导致的地质构造抬升而失效，最终无法使用。事实上，考古证据表明，这一宏大工程从未完全投入使用，只有一小部分起作用。最后，所有的努力几乎白费了。

虽然灌溉渠在高地的使用规模较小，但当地人在水渠建设方面的雄心丝毫不减。例如，位于（可能是印加）北部安卡什（Ancash）高地的惠如卡塔克渠（Huiru-Catac Canal）全长约 24 千米，它将水从高海拔的湖泊输送到高地梯田，最终到达海岸。除了基本功能之外，灌溉渠在安第斯社区的社会结构中扮演着重要的角色，尤其是在高地地区，比如被称为 *Yarqa Aspiy*，即“水上盛会”的年度水渠清理活动，是一项覆盖整个社区的活动，其渊源可以追溯到史前阶段。在印加帝国时期，清理水渠是“海利之月”（*haylli*）农事活动的一部分，“海利之月”大约在我们的 8 月。

图 25　**灌溉渠，卡哈班巴阿尔塔，安卡什，秘鲁**

但与安第斯山脉及印加帝国联系最紧密的水利技术也许是梯田。梯田，或称 *andenes*（可能是“Andes”一词的来源），是一种基于水的耕作技术，利用丘陵、山脊和山脉的坡度，修建一系列水平“台阶”而形成耕田。在新大陆，梯田在北美洲、中美洲和南美洲有着悠久的传统。在南美洲，梯田的分布主要集中在安第斯山脉中部地区，干燥的太平洋沿岸，往上到半干旱的安第斯山脉西部，并穿过云雾缭绕的东部山脉延伸到亚马孙和阿根廷西北部朝东的干旱梯田。截至目前，安第斯山脉中部最早的梯田可追溯到约公元前500年，但最近进一步的研究将这一时间追溯到约公元前2480—前2320年的前陶时期，这个时期的梯田位于秘鲁中南部的科尔卡峡谷（Colca Canyon）。不管它们有多古老，梯田的使用早在中同一期（公元600—1000年）的瓦里帝国时期就已经很成熟了。然而，人们普遍认为，梯田在晚同一期（公元1450—1532年）的印加帝国时期到达其发展的顶峰。

梯田建设虽然导致了一些沿坡土地的损失，但它确实带来了四大优势：它为深厚的土壤提供了一个稳定的平台，这反过来有助于耕作；它控制了土壤侵蚀，对频繁的山体滑坡起到了缓冲作用；它创造了一个可持续的微观气候；它也调节了土壤湿度。大多数梯田是由粗石建造的，内层是透水的砾石或岩石。梯田的种类有：止坝梯田、跨沟梯田、坡地梯田、长条梯田和宽阶梯田。其中，与安第斯和印加有关的梯田通常是长条梯田，或称为 *andenes*，但也称为 *patasi*、*bancales* 及 *takhanes*。这些梯田中最典型的是用紧密贴合的石头建造的挡土墙，高度通常在1—5米。它们的特点是往往建在山谷的两侧，呈现出视觉上令人惊叹的阶梯式垂直排列的景观。这些类型的梯田曾经遍布安第斯山脉中部的大部分地区，它们现在仍然存在，为该地区的许多山谷提供生存所需，比如阿普里马克、科尔卡、乌鲁班巴（Urubamba）山谷，以及上伊卡流域（Upper Ica Drainage）的圣地亚哥河和坦博河沿岸。

图 26　长条梯田，米拉弗洛雷斯，上伊卡流域，万卡韦利卡，秘鲁

当时还有其他的水利技术，包括塘田——称 *q'ochas* 或 *qochawiñas*——是由水渠连接的小而浅的田地，在海岸地区被称为低洼田园（*hoyas*、*wachaques* 或 *mahamaes*）。还有称作 *amunas* 的水利设施，用来储存雨水，补充地下蓄水层；淹没的垄沟形成了被称为 *camellones* 或 *waru-waru* 的田地，它改善了的的喀喀湖周围被称为高原（*Altiplano*，字面意思是高地平原）恶劣的自然条件；人工湿地（*bofedales*，阿根廷和智利称为 *vegas*），即我们所说的高海拔泥炭沼泽，在地质学上它被用来储存水源，提供丰富的牧草；还有大坝和水库，为梯田、土地和前面提到的湿地供水。直到最近，前西班牙时期随处可见的水坝才被辨别出来，其特征是从安第斯山脉中部贯穿到阿根廷西北部地区。

虽然印加人不能将这些创新都归功于自己，但他们确实比中同一期前辈更大地扩展了这些创新的规模和范围，为农业开拓了新的土地，提高了整个帝国的产量。这种对水资源的大规模利用使得安第斯山脉形成了一系列名副其实的治理景观。然而，这种治理有时也会出错，由于有些技术无法适应安第斯山脉的部分地区，从而导致了工程的失败。事实上，安第斯山脉的原住民也未能幸免于农业、渔业或放牧对自然资源的过度开发。他们也不应被看作是真正伊甸园里的不幸的无辜者；这种对原住民安第斯文化的解释有可能复活古老的对“高贵的野蛮人”（noble savage）的讽刺，并带来早

图 27　亚纳科查印加大坝，潘帕罗马斯，安卡什，秘鲁

期的种族主义和对土著能动性的否定。即便如此，总体上，这些技术非常好地适应了这片土地的特殊情况，但在西班牙殖民和克里奥尔共和国统治下，情况发生了根本性的恶化，许多这些古老的技术后来只得到部分保留或根本没有得到保留，这必然导致安第斯山脉大片土地的退化、侵蚀和废弃——这是一个独特的欧洲殖民遗留的问题，原住民仍在设法解决。

在印加时代，水利技术及其传承以及桥梁的建造与令人难以置信的工程技术齐头并进——印加人将这种专业知识运用到公共建筑中。就像他们的道路一样，印加建筑在细节上相当引人注目，包括

图 28　方形砌石和梯形壁龛，圣胡安 · 巴蒂斯塔教堂，瓦伊塔拉，万卡韦利卡，秘鲁

矩形结构、梯形入口、窗户和壁龛、三角屋顶、斜面的墙壁，以及切割和黏合得很好的灰石和多边形图案的石头。将后者发挥到极致的是库斯科某些建筑的多边形墙，特别是第六代印加国王印加·罗卡曾经的宫殿，现在的宗教艺术博物馆。事实上，没有什么地方比帝都更能展示印加建筑了，这里有上下城区、皇家宫殿和众多神庙。在它的鼎盛时期，库斯科一定很壮观。这种高端的印加建筑采用紧密贴合、不用砂浆的多角形石雕和石柱，不仅与众不同，而且在很多情况下还能防震，因此，在地震活动中，石头会相互摩擦，然后恢复到原来的位置。安第斯山脉中部的石坝也采用了类似的抗震建筑技术。

图 29　库斯科的多边方形石墙

图 30　库斯坎查的方石围墙，库斯科

考虑到工程建设的方便，在印加帝国的建筑中，方石建筑总是比多边形建筑更受欢迎。在整个帝国，这种独特的建筑被纳入到强调正交（沿直角建造）和放射状（从中心向外辐射）设计的城市规划中。这种建筑在印加重要行政中心大兴土木的建设中表现得最为明显，例如安第斯山脉中部的瓦努科·潘帕、彭普和维拉科查潘帕。这些行政中心几乎总是包括一系列独特的印加建筑，如 *callancas*（行政机构）、*ushnu*（中心广场的礼仪平台）、*canchas*（通常位于主要广场周围的矩形建筑）和 *collcas*（仓储设施），有时也包括不太常见的建筑，如

贞女宫（*acllahuasi*），这是为印加国王宠幸的女人保留的。

同样，聚落的正交和放射性质也可能考虑到了印加人的神圣观念，这体现在切克上。切克是在库斯科周围的景观中想象出来或理想化的线路，它将现存的帝国四部分划分中的各种瓦卡与印加人想象中最重要的地方：科里坎查，也就是太阳神殿，联系在一起。16 世纪西班牙史学家胡安·波罗·德·昂德加多[1]证实，帝国内超过 100 个圣地及其附属的瓦卡或神像都是沿着朝圣线路组织的。像

[1] Juan Polo de Ondegardo，1500—1575 年。

瓦努科·潘帕和沙基沙瓜纳（Xaquixaguana）这种放射状的地点就是很好的说明。就像都城一样，在其他省份，这些地方都是库斯科的代表。那么，很可能所有这些圣地和瓦卡都相互联系在一起，从而形成了一个几乎囊括了整个帝国的圣地和节点的网络，这反映了帝国首都库斯科的中心地位，以及萨帕印加的神性，他是安第斯山脉世俗世界和精神世界之间的最高层面的对话者。最后，印加建筑或其特征输出到帝国的边远地区，因此，从厄瓜多尔的因加皮尔卡到阿根廷的辛卡尔，仍然可以看到这种独特风格的建筑，并一如既往地由壮观的印加道路系统提供服务。反过来，这又有助于输出印加帝国的物质理想，就像英国人在19世纪所做的一样，将维多利亚哥特式复兴风格的建筑在整个帝国和其他地方进行推广，例如，贾特拉帕蒂·希瓦吉终点站[1]的风格直接承袭自伦敦的圣潘克拉斯火车站[2]。事实上，这种建筑策略是那些想要称霸的帝国的长期传统，从古罗马的堡垒到中世纪倭马亚[3]的清真寺，再到20世纪初奥匈帝国的绿皮火车。所有这些都是帝国扩张和广泛影响力的持久象征，直到它们不可避免地崩溃，从而提醒人们这些曾经一度存在，然后又不复存在的事物。印加也不例外。

---

[1] Chhatrapati Shivaji Terminus，1888年建于印度孟买。

[2] St Pancras Station，建于1862—1868年。

[3] Umayyad，阿拉伯帝国的第一个世袭制王朝，统治时间为公元661—750年。——译者注

第5章

养育一个帝国

从生态角度看，安第斯诸国所在的地区似乎是最不适宜人类生存的环境之一……

——约翰·V. 默拉（John V. Murra），
《印加帝国的经济体》（*La organización economica del estado Inca*）（1978）

数千年的与世隔绝意味着前西班牙时期南美人的生活与众不同：本书已经描述过奇普，这是他们通过绳结来传达语言的方式。本章将转向经济。作为一种独特的古代文明，印加人和他们的前辈发展了一种几乎没有市场或商业贸易的经济体系。除了钦查商人（Chincha traders）——来自秘鲁中南部沿海使用轻便木筏的民族——可能会使用铜锭，从厄瓜多尔换取令人垂涎的、具有仪式价值的红白色海菊蛤（*Spondylus princips*）——这些被供奉给神的食物——或者与厄瓜多尔中部称为明达莱斯（*mindaeles*）的商人交换T形铜斧，但在西班牙人到来之前，整个南美洲都没有类似货币的东西。

这意味着，货物是通过复杂的易货系统由社区或个人从产地到目的地进行交换的。这个过程包括：羊驼运输；货物转运；讨价还价，如称为 *ayni* 的货物交易；不平等劳动关系中的馈赠行为，称为

图 31　**海菊蛤**

minka；或者，在印加，通过国家认可的劳动义务或徭役系统，即 *mit'a*。然而，研究印加政治经济的人类学家和杰出的民族史学家

约翰·V. 默拉在20世纪60年代最早描述了一种名为“垂直群岛”（vertical archipelago）的模式，即人们利用一种并不统一的社区属地制度，可以直接控制不同的生态区，从而获得各种资源。

这些不同的系统均被纳入印加帝国中，以成功地养育和维持一个百万人口的帝国。事实上，印加帝国的人口很可能在1527年之前达到顶峰，约有1200万居民，这是在第一次欧洲流行病暴发之前，而原住民对这种流行病没有免疫力。这些流行病开始于天花的暴发（公元1524—1528年），紧随其后的是麻疹（公元1531—1533年），然后是斑疹伤寒，可能还有鼠疫（公元1546年），随后还有很多流行病，包括流感和腮腺炎。所有这些疾病都对原住民造成了严重伤害。例如，16世纪20年代开始的天花疫情严重影响了安第斯山脉地区，甚至杀死了统治印加的萨帕印加瓦伊纳·卡帕克和他指定的继承人，而且很快使这片土地陷入了残酷的内战。在与欧洲人接触的头一百年里，外来疾病和死亡的恐怖一直存在。

然而，在这场人口大灾难发生之前，安第斯山脉地区因其居民而变得富饶；技术（梯田和灌溉等）和丰富的食物来源，能够维持不断扩大的人口的土地需求。在这片土地上，2/3的人口居住在海拔3000米以上的地区；当考虑到南美洲真正扩张的帝国总是高地的族群——查文、瓦里、蒂亚瓦纳科和印加——而不是较小的、更被局限的沿海政权，如纳斯卡、莫切、西坎（Sicán）和奇穆王国时，这是很重要的因素。随着擅长航海的西班牙人的到来，南美洲西部开始以沿海地区为中心，人们开始从连绵的山脉向淡水珍贵的海岸转移：一种社会和经济转变导致了人口从高地向海岸的持续而不可抗拒的转移，随之而来的是对有限资源——尤其是水——的巨大压力。如今，特别是自 20 世纪 70 年代以来，大片高地被遗弃，安第斯山脉的村庄和生活形态消失了。

南美洲安第斯地区主要有四种主要的食物生产活动：渔业、农业、畜牧业和狩猎。事实上，安第斯山脉的经济叙事本质上是高原经济和沿海经济的对比。在沿海，捕鱼和贝类采集为文明的兴起提供了最初的必要条件，而高地则为提供能够负重和富含蛋白质的骆驼科动物资源发挥了重要作用。事实上，如果没有骆驼科动物在其中发挥的决定性作用，我们就无法了解高地社会和经济。毫不夸张地说，美洲驼和羊驼是蒂亚瓦纳科、瓦里和印加（可能还有之前的查文）等进行扩张的高原帝国的基石。

首先让我们来看海岸，沿太平洋海岸的捕鱼活动得益于世界上最丰饶的渔场之一。虽然可食用的鱼类众多，但主要的沿海物种是秘鲁凤尾鱼（*Engraulis ringens*）。低海拔的秘鲁凤尾鱼富含蛋白质，可能是初始期（公元前 3000—前 1200 年）沿海人口迁移定居的主要动力。反过来，这导致了南瓜（充当渔网浮球）和棉花（用于织网）的农业种植，开启了早期植物驯化的进程。同样，内陆淡水鱼，如 *ipsi* 和 *carachi*，它们都属于鳉鱼（*orestias*）类，是当地人从高地湖泊和河流中捕捉的食物。

就农业而言，著名的植物学家和农学家杰克·哈兰[1] 1971 年在《科学》杂志上发表了一篇题为《农业起源》（“Agricultural Origins”）的开创性文章，他将安第斯山脉中部称为“多样性中心”（centers of diversity），意味着这是本地动植物最初被驯化的地区，之后以驯化的形式传播到其他地区。事实上，就骆驼科动物而言，它代表了美洲最早的动物驯化实例之一，大约发生在 5500 年前。在植物方面，安第斯中部地区从海岸一直延伸到热带低地森林，栽培了各种豆类、辣椒和甜椒、花生、南瓜和几种水果，如番石榴、番荔枝、番茄、醋栗或酸浆果。某些用于制作玉米粥以及非常早期的爆米花的淀粉玉米，在从墨西哥引进最原始的玉米（*Zea mays*）之后，有可能也在安第斯山脉独立地得到栽培。

然而，对世界植物驯化的最大贡献，也是安第斯人食物的主要来源，可能是不起眼的土豆。从沿海地区到郁郁葱葱的东部雨林，安第斯山脉各地都种植土豆，共有 1000 多种可食用品种。据联合国粮食及农业组织（Food and Agriculture Organization of the United Nations）称，土豆耐寒、用途广泛，是当今世界上仅次于玉米、小

[1] Jack Harlan，1917—1998 年。

图 32　秘鲁库斯科市场上出售的辣椒（Rocoto aji），　2007 年

麦和水稻的第四大重要作物。安第斯山脉的原住民也成功地使土豆脱水，制作出 *chuño*，字面意思是“冷冻或皱皮土豆”。这是南半球的冬季期间，在海拔 3800 米以上将土豆放置五天得到的结果，在那里夜间温度经常下降到零下 5 摄氏度。这个过程包括把土豆摊在地上，随后踩踏将其压出汁液来，然后冷冻脱水一夜，第二天再次重复这一过程，直到得到所需的结果：重量轻、干燥、卵石状的土豆。如此，它们可以保存非常长的时间，成为至关重要的食物储备。

图 33　秘鲁库斯科市场上出售的不同品种的土豆，2007 年

图 34　库斯科市场上出售的脱水冻土豆（*chuño*），2007 年

土豆在 16 世纪末首次传入欧洲，到 19 世纪初，它已成为欧洲大陆和北美洲（土豆就是从这里偶然传入欧洲）大片地区的主要农作物。欧洲人对土豆的依赖程度如此之高，以至于 19 世纪中期土豆枯萎病的传播造成了严重的饥荒和灾难——尤其是爱尔兰，1845 年的土豆大饥荒很大程度上是现代爱尔兰人流散到世界各地的原

因。在安第斯山脉，土豆、玉米和豆类是安第斯人赖以生存的碳水化合物的重要组成部分。玉米还被广泛用于酿造奇恰酒（*chicha*），一种玉米啤酒，这种啤酒通常在前西班牙时期和现代社会的宴会、节日活动的仪式中享用。玉米（和土豆）也可以通过晒干，或者做成 *tocosh* 储存起来以备不时之需。在制作 *tocosh* 时，安第斯山脉的人们会将土豆和玉米放在一个袋子或垫了叶子的坑里，靠近流水。让土豆或玉米腐烂和发酵，然后把它们从坑里拿出来煮汤或做成叫作马萨莫拉（*mazamorra*）的果冻状甜点。作为青霉素的天然来源，马萨莫拉被用于治疗许多疾病，而在安第斯高地它也被认为是一种美食。

除了沿海丰富的鱼类，安第斯山脉最大的蛋白质来源就是驯养动物。南美洲驯养的动物比中美洲地区更多，中美洲只有狗、鸭子和火鸡，但与旧大陆相比，驯养动物的多样性仍然有限。在南美洲，驯养的动物物种还包括家犬（*Canis familiaris*），典型的是称作 *viringo* 的秘鲁无毛犬，以及番鸭（*Cairina moschata*）。它们都是前西班牙时期安第斯山脉地区居民的食物。狗大约在 15500 年前被西半球的狩猎—采集殖民者带到了当时被陆地包围的白令海峡。此外，小而多产的豚鼠（*Cavia porcellus*）从过去到现在都为高地人厨房提供可靠的食物来源和传统的烹饪乐趣。

图 35　**秘鲁无毛犬**（*viringo*）

然而，对安第斯山脉肉类蛋白质贡献最大的两种动物是美洲驼（*Lama glama*）和羊驼（*Vicugna pacos*），这是安第斯山脉地区仅有的两种驯养的大型有蹄类动物，在前西班牙时期的美洲也是如此。鉴于二者不同的生理机能，它们被用于不同的目的。饲养羊驼主要是为了它们的驼毛纤维，根据品种和牧草的不同，（一只）可以生产 3—8 千克的纤维。前西班牙时期，羊驼纤维被用于制作精美的服饰和纺织品。美洲驼比羊驼大得多，也重得多。在西班牙人到来之前，它是南美洲唯一的驮畜，能驮 30—60 千克，走 15—25 千米的距离。除了驼毛和运输，这两种动物也是肉、毛料、皮革、粪便燃料和骨头的重要来源，后者可以用于制造工具。它们的胃石也被用于仪式和咒语。

羊驼肉富含天然蛋白质，脂肪含量低，胆固醇水平与牛羊肉相似。与土豆和玉米一样，羊驼肉可以设法长期保存。这种保存方式被称为 *charqui*，是极少数从盖丘亚语译成英语“jerky”（肉干）的单词之一。*Charqui* 主要指腌制和晒干的羊驼肉，至少在早同一期（公元前 1200—前 200 年），它是高地与沿海地区贸易的支柱。和 *chuño* 一样，羊驼肉干分量轻，这意味着它很容易被美洲驼或搬运工携带。骆驼科动物在安第斯山脉无处不在，尤其是在高原地区，它们使本地人形成了游牧的生活方式。考虑到安第斯山脉的层叠垂直的自然特征，农业和畜牧业往往以一种特别协同的形式结合在一起，就像欧洲阿尔卑斯山脉、比利牛斯山脉和撒丁岛及科西嘉岛等多山的地中海岛屿上山羊和绵羊的放牧与农业的关系一样。

骆驼科动物产生的财富，以及它们在交通运输中的作用，为前西班牙时期许多社会提供了发展的关键因素，如的的喀喀盆地晚中间期（公元 1000—1450 年）的卢帕卡（Lupaca）和曼塔罗河谷（Mantaro Valley）的万卡（Wanka）。白色美洲驼，或称纳帕（*napa*），是印加王室的象征。事实上，如果没有这些动物，就无法解释印加帝国的扩张和他们对安第斯山脉的征服。

图 36　美洲驼，安托法加斯塔·德·拉·塞拉，阿根廷

图 37　羊驼，上伊卡流域，万卡韦利卡，秘鲁

另一种重要的蛋白质来源可以通过狩猎获得，如野生骆驼科动物骆马（*Vicugna vicugna*）和原驼（*Lama guanicöe*），鹿（*Cervidae*），小型的野兔类啮齿动物如兔鼠（山兔鼠属和山绒鼠属），以及鸟类，包括美洲鸵鸟（*Rhea*）等。骆马还因其皮毛而被猎杀，因为它的毛比山羊绒更细。在印加帝国时期，捕获这些动物的行为被

称为剪毛节（*chaccu*），每年由萨帕印加和他的随从进行。他们不会杀死这些动物，而是把它们赶到临时的围栏里，在那里它们会被剪毛，然后再放回野外。这些剪割下来的毛发专门用于为印加国王和帝国内其他的显贵制作服装。从 20 世纪 70 年代到现在，尽管没有印加国王和他的随从，但这种先捕获再释放的方法被重新引入，这是将这种动物从灭绝的边缘带回的最重要的因素，它们曾因其柔软细密的绒毛而被不分青红皂白地偷猎和杀害。

图 38 驼马，阿雷基帕，秘鲁

除了食物，安第斯地区也是矿产资源开发的重要地区，包括绿松石、金、银、锡和铜。印加人的技术已经达到了青铜时代的水平，他们掌握了铜、锡、铅和砷的冶炼技术，从而制造出青铜器和含砷青铜器。遗憾的是，在与西班牙人的交锋中，他们不得不面对使用火药和钢铁的文化，而他们最初几乎没有武器，也没有胜算。

图 39　位于阿根廷和智利边境的百内国家公园的原驼

所有这些矿产资源都是在安第斯地区发现的。安第斯山脉的一个主要特征是不同生态区的重叠和垂直性质，因此从海岸到亚马孙河的路程不超过 350 千米。考虑到这种环境的压缩性质和几乎完全缺乏市场交易的情况，约翰 · V. 默拉认为，在过去，一个社区要想获得生存所需的所有资源，就必须控制不同生态区的各部分土地。他将其称为“垂直群岛”：从本质上说，一个特定的社区将在物质上殖民地理上不同的环境“岛屿”，从而获得其中的资源，供更广泛的社区使用。这种社区间的交换涵盖从毛发和皮革，到水果和羽毛的所有东西，他们不需要市场，而是依靠互惠交换协议，在整个更大的集体中共享各种产品。

这个系统的核心群体是安第斯的阿伊鲁（*ayllu*），这是一个基于亲属的组织，拥有共同的祖先或起源。阿伊鲁经常以不平等的关系成对出现，这突出了安第斯社会核心的二元性。成对的阿伊鲁群体反过来可能会形成 *llactas*，或者叫群落（hamlet），在安第斯山脉的背景下，这基本上意味着一个有边界的区域，由松散联系的人组成，可能处于世袭或选举的首领（*curacas*）或酋长的领导下。值得注意的是，在前西班牙时期的安第斯地区，一个家族往往分散在整个生态环境中，而不是聚集在某个村庄。事实上，在阿伊鲁内婚制和生态外婚制（意思是同属于一个阿伊鲁的人通婚，但去了不同的生态区）的指导原则下，*llactas* 很可能分布在整个经济上相互关联的“垂直群岛”上。一种特殊类型的居住地在印加崛起之前的时期变得无处不在，这就是具有防御功能的山顶聚落，或称普卡拉（*pucara*）。在晚中间期，尤其是公元 1250—1450 年，这些居住地的人口激增，但很可能只有在动荡和冲突的时期才被完全住满。

关于阿伊鲁及其相关“垂直群岛”的规模、范围和时间轨迹一直存在激烈的争议，一些学者对它在大片沿海地区的存在抱有怀疑，也为一个社区可以控制多少生态带，以及它是在安第斯史前时期的早期还是晚期发展争论不休。可以说，在晚中间期（公元1000—1450年）——就在印加帝国崛起之前——它就出现在整个高地上，阿伊鲁将这种垂直的并不连续的控制模式延伸到安第斯山脉东部和西部的各个区域。

然而，就其核心而言，阿伊鲁是一个去中心化的治理体系，在这个体系中，社区高于某个首领，而货物交易（*ayni*）中规定的互惠义务是治理的支柱。货物交易就像阿伊鲁，“你帮我，我也帮你”：社区成员会为共同利益汇集人力和资源。但是，阿伊鲁和首领之间的关系并不是一成不变的。在印加帝国之前的晚中间期的暴力背景下，敌对的阿伊鲁之间及群落之间的自相残杀导致了山顶上防御聚落的兴起，与此同时，也需要任命或自封的首领发挥更强的领导作用。这也意味着，在印加帝国时期，印加人也面临着围绕军事领袖而组织起来的群体。

这些首领促进了一种非常不同的劳动关系：馈赠行为（*minka*）。馈赠行为是领导者和被领导者之间的一种不平等关系，在这种关系中，平民的劳动换来军事和精神上的保护以及赠予（布料、奇恰酒和宴席）。一个首领可能赠予得越多，他就会变得越强大。在印加帝国扩张之前，这些相互竞争、相互矛盾的领导形式——阿伊鲁和首领，及劳动力组织——货物交易和馈赠行为，是安第斯社会的中心。

事实上，印加帝国很大程度上可以被看作是从库斯科周围的维尔卡诺塔-乌鲁班巴山谷（Vilcanota-Urubamba Valley）的一个类似的高地社会发展而来。在很多方面，帝国的战略是在更大的规模上模仿“垂直群岛”，在帝国的四个地区开发了安第斯生产的全部领域，并带来了一种新型的劳工形式：徭役劳工。徭役劳工基本上承担了农奴的工作。在一个市场缺乏、货币几乎不存在的社会里，人力是主要的货币和主要的应税商品。这一制度非常成功，以至于西班牙人将其用于矿山运作，包括臭名昭著的波托西（Potosi）银矿和万卡韦利卡（Huancavelica）水银矿。

通过徭役劳工，这个安第斯帝国的各种阿伊鲁和群落承担了他们对国家的义务，也承担了对无数的瓦卡和其随从的义务，这反过来又确保了农业周期中必要的生产活动。这些义务通常需要每年为王室产业工作两到三个月，或者直接为国家从事基础设施和经济生产；还包括在印加征召的军队中服役。和首领管辖的馈赠行为一样，印加国王对他的臣民也有相应的义务，包括精神上的引导、保护，以及仓库的维护和储存，以供平民用作应急供应，为路过的军队补充物资，更重要的是，为安第斯地区——以及印加帝国——日历上的无数盛宴和庆典提供农产品。

就此而言，在印加帝国时期，土地和动物划分为三个不均等的部分，部分属于阿伊鲁，部分属于国家，部分分配给各种信仰仪式，特别是帝国的太阳崇拜。印加人对农业、畜牧业和基础设施的投资很大程度上是由将所有可用土地和生产细分为这三部分的需求驱动的。因此，在印加时期，由于不同地区的生产力得到了提高，生产的扩张意味着从属地人口和当地阿伊鲁身上获得的东西要少一些。然而，这一政策必然会在整个帝国引起紧张和怨恨，并最终为愿意加入西班牙殖民事业的敌人提供了充分的理由。他们根本不知道，所谓的治疗方法实际上比疾病本身还要糟糕得多。

为了运行这个由各个地方领导人、村庄或群落及阿伊鲁的义务、互惠关系以及土地管理组成的庞大组织，印加人采取了新的官僚措施，包括引入一个国家性质的行政机构，该阶层的人通常被称为亚纳科纳（*yanaconas*）。一旦成为亚纳科纳，他就效忠于印加帝国而不再效忠于其原来所在的阿伊鲁。亚纳科纳被选中为国家服务，然后永远离开家乡，成为国家的仆人，从事各种经济活动，包括家政服务、农业、渔业、放牧、制陶、纺织和印加国有农场的建筑工程。因此，他们在阿伊鲁系统之外，形成了印加的另一种劳动力。

在极少数情况下，一个亚纳科纳甚至可以被萨帕印加提升为领主；这事就发生在利马（Lima）附近起伦山谷（Chillón）的科莱克

（Collec）领主身上。随着当地头领在对抗印加的战斗中阵亡，一个亚纳科纳替代了这个职位。亚纳科纳的多重角色很有实用性，西班牙人保留了其中的许多角色，以至于殖民时期，在安第斯山脉的一些地区，亚纳科纳一词几乎成为叛徒的同义词，因为他们被视为与当地牧师和地主勾结，维持西班牙人的土地所有权封赏（*encomienda*）制度。

印加人还强迫殖民地居民从他们的家园迁移到帝国的其他地区，包括许多不同的专家和工匠，还使用了大量的食物储存设施，以满足当地和军事的需要。印加人在管理安第斯经济方面的主要创新就是对专业人员的利用，这些专业人员被称为卡马约克斯（*camayocs*），他们负责省级管理的各个方面。这些卡马约克斯与印加帝国及其精英密切合作，从事大量的活动，从冶炼、放牧，到治安、编织和（在官方神庙）占卜等。其中最重要的是奇普卡马约克斯，他们是负责监督帝国的官僚公务员。这些行政方面的卡马约克斯负责人口普查和物资储备；他们担任秘书、抄写员、工头和税吏，而税吏是他们带到西班牙殖民地的一项重要职能。由于萨帕印加和他的贵族经常缺席，所以在地方层面上，卡马约克斯代表了帝国的存在。他们熟练地使用奇普，运用帝国的十进制数字系统来细分和统计徭役劳工对国家的劳动义务。

徭役劳工意味着每个月身体健全的人腾出几天的时间来建设和

维护国家基础设施，包括桥梁、道路、建筑物、田地和畜群等。理想情况下，这项工作的组织方式是十进制，十个劳工就是一个 *chunca*（十），十个 *chuncas* 就是一个 *pachaca*（百），十个 *pachacas* 就是一个 *huaranga*（千），十个 *huarangas* 就是一个 *hunu*（万）。事实上，十进制必须适应当地的特点，因此，虽然它在帝国北部的钦察苏尤地区运行良好，但在南部的科利亚苏尤地区似乎效率不高，这可能是由于该地区的聚落零星和分散的性质。反过来，帝国的四个区域由大约 80 个省组成，省的总督被称为托里科克（*tocricoc*）：是从贵族阶层中选出的官员。每个总督手下都有一支真正的官僚队伍，包括市政官员（*llaqtacamayocs*）、奇普卡马约克斯（*quipucamayocs*）和粮仓主（*collcacamayocs*），他们兢兢业业地管理着帝国。除了组织每月的徭役劳工，这些卡马约克斯还参与管理帝国的存储设施。

仓储对帝国来说至关重要。一方面，它有助于维持帝国管理，包括军队，因为他们得以就地驻扎或借助道路网络四处调动。印加军队主要由征召士兵和精锐的常备军组成，人数可达十万甚至更多，由此可见印加仓储系统的规模、效率和复杂性；另一方面，印加帝国储存的主要是当地的资源，而不是整个帝国范围内可转移的资源。考虑到劳动力作为贡品的重要性、市场的缺乏和货物运输的困难——因为安第斯山脉缺少适合役用的动物——存储的目的似乎与为富有的精英阶层运送和交换货物及物品的目的有所不同。

相反，仓储位于社会、文化和政治的中心，这三者的集合强调为印加国王及其指定的地区和地方管理者的宴会及送礼而储存物资。这让人想起著名社会学家和人类学家马塞尔·莫斯[1]阐述的礼物和礼物经济的概念，礼物和宴请本质上被认为是“免费”的，但实际上是一种包含三个部分的社会交换，将接受者和给予者相互联系起来。这种交换包括赠送礼物、接受礼物和回赠礼物三部分。

在印加经济中，这意味着赏赐的再分配，阿伊鲁对这些物品和印加帝国戒律的接受，最终这些地方团体有义务为国家贡献劳动力。这是一种不平等的关系，在与其他人类文化群体的交流中，印加人总是占上风。事实上，印加人将徭役劳工的关系看作是一种货物交易，阿伊鲁用他们的劳动换取食物和奇恰酒。反过来，食物和啤酒是由“贞女”生产的。赠送礼物的概念也延伸到了建立联盟的过程中，各省领主挑选本地最漂亮的女人作为印加国王宠幸的“贞女”；这是将安第斯人力资本的概念推向其逻辑的极致。这些妇女为印加国王和太阳崇拜服务，同时也是通过给印加国王和未来盟友提供新娘来巩固联盟的关键。

这些女人，尤其是被选中的女孩，是萨帕印加唯一的从属关系

---

[1] Marcel Mauss，1872—1950 年。

中的终极礼物：他自己与超自然的关系。这就是卡帕科查（王室义务），一种以活人（还有动物，尤其是骆驼科动物）祭祀安第斯宇宙观和自然景观中无数的神谕和精灵的仪式。卡帕科查祭祀是在山顶、神圣的湖泊（如的的喀喀湖）和整个帝国其他充满神性的地方进行的。也就是说，山顶祭祀似乎在帝国的南部更常见，而湖滨祭祀则在北方更常见。到目前为止，我们还无法解释这种差异背后的原因。

保存最完好的印加卡帕科查仪式标本是位于今天的阿根廷尤耶亚科山的三个冷冻孩童。他们的年龄分别为大约 6 岁、7 岁和 14 岁，他们似乎在被献祭的前一年，就被一种特殊的饮食喂养。尤耶亚科木乃伊奢华的随葬品包括雕像、海菊蛤饰品和贝壳以及许多其他物品，这三具木乃伊并非同时埋葬的；相反，他们被分开放置，这反映出这种神圣的皇家祭祀需要定期举行，以表达印加国王或其代表与超自然之间的关系。卡帕科查背后的首要主题很可能是精英给神奉献礼物的概念，这种概念在前印加时代就有了。就此而言，有证据表明，当地群体在诸如湖泊等充满宇宙观意义的地方祭祀儿童和动物，而在北部海岸的万查奎托-拉玛斯（Huanchaquito-Las Llamas）的奇穆遗址发现的 140 多名儿童和 200 只羊驼的壮观祭祀（约公元 1450 年）证据表明，对超自然天气现象（最有可能是不规律循环的厄尔尼诺气候）祭祀时，人们提供引人注目的礼物来安抚神灵。

至于储存，储存的物理性质意味着要在帝国各地建立和维护一个庞大而复杂的储藏系统。这个储藏系统的主要仓库位于库斯科本身和它的主要省会，或“其他类似库斯科的城市”，如坦博·科罗拉多、彭普、瓦努科·潘帕、哈通·豪哈和辛卡尔。这些地方是为当地民众提供宴请和送礼的场所，也是军队行军的主要中转站。再往下，大多数较小的地区中心也有自己的存储设施。典型的仓储设施称为科尔卡（*collca*），是一种圆形或方形的积木式结构，通常有一到两个用粗石建造的房间。在最大的储存中心，这种建筑有数百座。瓦努科·潘帕，安第斯山脉中北部的主要行政中心，有近 500 个这样的建筑，这还没有考虑到城镇本身众多的加工和管理机构。其他地方的科尔卡要少得多：例如，位于上内佩纳（Upper Nepeña）流域的因蒂奥兰（Intiaurán）小行政区只有大约 15 个这样的存储设施。因此，这些行政中心及其科尔卡成为去中心化的物资控制系统的基石，这一系统从首都库斯科向各省份扩散开去。

虽然可能在印加帝国之前，甚至在瓦里帝国时期（公元 600—1000 年），就已经存在类似科尔卡这样的存储结构，但印加帝国的仓储规模在安第斯历史上是无与伦比的。尽管如此，整个帝国的存储水平也是不同的，更多的仓库位于北部的钦察苏尤地区，而不是南部的科利亚苏尤地区。这可以解释为印加帝国在南部的控制和存在程度与在北部不同——也就是说，更间接，也更有距离感。虽然这很可能是真的，但这种说法确实没有考虑到一种在南方非常流行的仓储方式，可能比在北方流行得多：人们可以称之为“存在蹄子上”（根据南美羊驼的解剖结构或许应该称为“存在脚掌上”）。

从的的喀喀湖一直到阿根廷西北部，南部广阔的牧场是饲养骆驼科动物的理想之地——尤其是美洲驼，它们是安第斯山脉移动的、载重的脊梁。据估计，在公元 1532 年欧洲人与美洲大陆接触的时候，安第斯山脉地区有 3000 万—5000 万只羊驼。如前所述，动物就像土地一样，被不均等地分成三份：普通人的羊驼群（*hua-ccha llama*）与精英（王室及宗教阶层）的羊驼群（*capac llama*）。萨帕印加有成千上万只属于他个人的动物，也有野生的骆马，这些动物只能由他和他指定的人捕获。例如，太阳神殿显然有 100 多万只羊驼；这些庞大的驼群称作 *intip llaman*，太阳神的羊驼。其他神庙和瓦卡也有自己的动物。事实上，在征服一个新的地区或省份时，印加人侵占羊驼和传入宗教的行为引起许多当地阿伊鲁的强烈不满，不可否认，这再次显示了这些动物对安第斯人的物质和象征意义。

最后一个主要的帝国生产控制策略是 *mitmas*，也被称为 *mitma-cuna* 或殖民者。*Mitmas* 是指包括妇女、儿童和动物在内的社区，被大规模地迁移到帝国各地，以满足帝国行政、经济、军事或战略利益各方面的需要。这种迁移的规模是巨大的；如贝尔纳贝·科博等编年史学家声称，帝国有 1/3 的人口曾被从一个地方迁移到另一个地方。从本质上讲，这意味着有 300 万—400 万的人口迁移，考虑到整个过程都是步行，这是一个令人生畏的数字。虽然据说第九代印加统治者帕恰库特·印加·尤潘基开始了这种殖民政策，但实际上是在他的孙子瓦伊纳·卡帕克统治的时候，这一政策到达了顶峰。

虽然在很多情况下，殖民运动仅仅意味着人口从晚中间期（公元 1000—1450 年）坚固的山顶聚落转移到下面的山谷地区——比如安第斯曼塔罗河谷中部的万卡居民——但在其他情况下，它可能意味着许多社区大规模转移到帝国的僻远地区，服务于印加皇家田庄，如阿班凯（Abancay，现秘鲁南部）或科恰班巴（Cochabamba，现玻利维亚东部）；或者迁移到如今的科帕卡巴纳（现玻利维亚北部）附近的宗教圣地的的喀喀湖，包括同名岛屿上的太阳和月亮神庙；或者，更常见的是，前往为帝国生产或开采特定商品和货物的地方，如纺织、畜牧、采矿或种植玉米的地点。

伴随着这种基本的经济原理，还有一个同样重要的战略原理，即迁移到异地的人口往往不那么顽固，因此对国家更忠诚。此外，考虑到当地人通常对这些新殖民者在他们土地上的存在感到不满，这意味着殖民者与印加帝国更紧密地联系在一起。他们是没有本土联系的阿伊鲁，在安第斯社区的亲属义务和互惠关系概念下这一身份表现出所有的负面含义。同样，殖民者通过将新的地区投入耕种和使用，扩大了帝国的生产能力。顺便说一句，考古学上很难将殖民聚居区与当地社区区分开来，这使得一些学者推测，殖民可能并不像西班牙编年史学家最初认为的那样是一种普遍存在的现象。

即便如此，整个殖民政策还是充满了问题。殖民者通常保留他们原来的阿伊鲁及所在地区的权利，这意味着完全的分离几乎是不可能的。同样，安第斯人强烈的本土主义或者说乡土观念，因地形和旅行的限制而得到强化，意味着这种大规模的迁徙经常遭到可能成为殖民者的人的强烈抵制。他们倾向于叶落归根，并迁回原地，印加当局就对违规者处以罚款。事实上，随着西班牙人的到来和印加帝国的崩溃，许多殖民者纷纷打道回府，回到他们原来的社区。

帝国内部发生的另一种类型的——经常是强迫的——迁徙是地方首领和贵族的儿子作为人质和学生被送往库斯科。在库斯科，他们被灌输帝国的意识形态，然后被送回自己的家乡，在担任省级行政官员的同时传播印加太平盛世（*pax incaica*）的精神。被扣押为人质的还有地方神灵或瓦卡的雕像。它们被安置在库斯科的庙宇周围，臣服于帝国的神，用一种形而上的瓦卡形象加强对当地民众的生存压制。

总而言之，我们可以看到，广阔的海洋、荒芜的沙漠、冰雪覆盖的山峦、广袤的高原和丛林，这些使安第斯山脉成为一个充满挑战，但资源极其丰富和高度压缩的自然景观。从沿海地区到库斯科高地丛林的距离只有 400 千米，在其他地区甚至更狭窄。同样，在南北方向上，印加帝国从智利沿海的峡湾延伸到阿根廷西北部，向北延伸到厄瓜多尔和哥伦比亚郁郁葱葱的热带雨林和阳光普照的海岸。这个庞大的帝国拥有丰富的生物种类（鱼、羊驼、薯类、玉米、豆类、水果、棉花等）和巨大的矿产财富，包括金、银、铜、黑曜石和绿松石，印加帝国及其臣民充分利用了这些资源。

德国右派社会民主党人海因里希·库诺[1]和法国经济学家路易·博丹[2]长期以来将印加社会描述为家长式的社会主义经济，但实际情况要复杂得多，印加帝国将间接和直接的治理方法与对当地资源和人民的控制结合在一起，同时对超自然事物负有首要责任。安第斯山脉的主要商品是劳动力，印加人通过三种平等或不平等的互惠或馈赠安排来组织劳动力：货物交易、馈赠和劳工。他们由一群被称为卡马约克斯的国家公务员监督，这些公务员是从地方居民中挑选出来的，包括殖民运动中的殖民者，他们获准在使用新土地的情况下扩大生产。亚纳科纳也加入了这架国家机器，成为一个没有阿伊鲁的群体，在印加国王的田庄和农场承担了许多琐碎且

[1] Heinrich Cunow，1862—1936 年。——译者注
[2] Louis Baudin，1887—1964 年。——译者注

必要的任务。年轻女性被选为“贞女”，即印加国王“选中的女人”，作为仆人和嫔妃，在仪式（卡帕科查）上进行祭祀，并作为礼物与潜在的盟友结盟和缔约。来自外省的地位显赫的年轻人被带到库斯科，接受帝国意识的教导。作为回报，帝国承诺向地方提供盛宴和礼物，并对道路和重要建筑进行维修和保护。

在印加时代，货物、田地和动物被分成三部分：分属印加王室、宗教神庙（或瓦卡）和阿伊鲁社区。前两者的工作是通过借助劳工、殖民者和亚纳科纳完成的。这在王室田产上尤其如此，这些田产属于印加国王，在他死后归他的家族所有。

在地方一级，社区通过利用资源开发的“垂直群岛”来组织经济，在这一经济模式中，他们拥有不同海拔或生态区的属地的权利，从而实现了相当程度的自给自足。其中一些垂直控制系统——比如秘鲁南部的莫克瓜谷地——从环的的喀喀湖和高原地区一直延伸到海岸。在整个安第斯高地，特别是更北的地方，存在着更紧凑或更压缩的系统，连接着少量的堆叠生态区。“垂直群岛”的本土化系统鼓励印加人自力更生，之后又通过省会城市和本地化的存储网络加强这种自力更生。这种省级集中管理的仓储系统也在物资短缺时提供了安全保障，同时也为军队和国家行政人员提供了食物。

作为参与这种受到精密管理的经济体系的回报，阿伊鲁得到保证有个可接受的生活标准，最关键的是，他们有一定程度的安全保障。严厉的法律——包括有关房屋清洁、偷盗、通奸、不给瓦卡提供服务和食物等——有助于控制民众，确保安第斯山脉良好的秩序和个人卫生——后者远高于当时欧洲大部分地区的水平。事实上，印加人提供了一种原始形式的福利国家模型，在这里，国家尽可能地听取社区的忧虑和苦难，并由其统治者和管理者加以解决。

然而帝国并不是万灵药，反抗印加的力量——尤其是帝国北部边疆新近被征服的民族，卡纳里人（Cañaris）和查查波亚人（Chachapoyas），帝国其他地区也是如此——越来越大，特别是在瓦伊纳·卡帕克及其指定继承人 1525 年去世后。他的继任者瓦斯卡尔和阿塔瓦尔帕未能将帝国统一起来，内战撕裂了印加精英阶层，征服这片土地的时机已经成熟。进入这个新近出现的权力真空的是西班牙人。

第6章

印加帝国的政治权力

> 第一点是，确实存在着统治者和被统治者、领导者和被领导者。整个政治科学和艺术都是建立在这个原始的、（在某些普遍条件下不可化均的）事实的基础上的。
>
> ——安东尼奥·葛兰西（Antonio Gramsci），《现代君主论》（*The Modern Prince and Other Writings*）（1957）[1]

所有帝国本质上都是短命的；迟早，它们都会崩溃。公元410年，阿拉里克[2]统治下的西哥特人（Visigoths）洗劫了罗马，也就是所谓的“永恒之城”；而1970年，《太阳报》宣布大英帝国灭亡。在这两个历史极端之间，帝国来了又走——西班牙帝国、葡萄牙帝国、奥匈帝国和奥斯曼帝国等。有些帝国，比如拿破仑的法兰西第一帝国[3]只是昙花一现，而拜占庭帝国（Byzantine Empire）——又称东罗马帝国[4]则持续了1000多年。

事实证明，安第斯的帝国也不例外。在印加人到来之前，被称为查文的高地文明和两个中同一期（公元600—1000年）帝国瓦里

[1] ［意］安东尼奥·葛兰西：《现代君主论》，陈越译，上海人民出版社2006年版，第17页。——译者注

[2] Alaric，西哥特国王，395—410年在位。——译者注

[3] First French Empire，1804—1815年。

[4] East Roman Empire，395—1453年。

和蒂亚瓦纳科都证明了潜在的南美帝国存在的范围和局限性，它们主要局限于安第斯高地和南美洲中西部沿海地区。同样，印加人可能借鉴了瓦里和蒂亚瓦纳科的治世之道，在南美洲西部呈指数级扩张，其势力范围延伸至今天的哥伦比亚的西南边界、安第斯山脉的东部山麓、阿根廷西北部的谷地地区边缘以及智利中南部的狭长山谷。印加人创造了美洲大陆上最大的本土帝国。此处顺便说明骆驼科动物作为南美洲的食物和交通工具的重要性，印加帝国的边界恰好与美洲驼的自然活动范围重合。

毫无疑问，西班牙人的到来敲响了印加帝国的丧钟，然而帝国内部的既得利益集团，尤其是地方势力和更广泛的帝国政治之间的利益集团，给帝国带来了越来越大的压力，最终导致了 1529—1532 年的印加内战。本质上，印加人控制的帝国和团体的强大离心力与当地库斯科帕纳卡的对立日益加剧。帕纳卡（*panacas*）来自盖丘亚语词根 *pana*，意思是“兄弟的姐妹或堂姐妹”，是一种分支宗族、类似阿伊鲁的世袭王室体制，围绕着对祖先木乃伊或虽死犹生的印加国王的尊崇而形成。虽然与阿伊鲁有许多相似之处，但它是印加人特有的一个术语。

因此，虽然印加人确实和大多数安第斯人一样，有平行血统，也就是说，儿子是父亲的后代，女儿是母亲的后代，但帕纳卡一词来源于女性后缀的事实表明，这里还有别的东西在起作用。为了解释这一点，印加人还实行分割继承制（split inheritance），一个新的萨帕印加登基时只带着头衔和很少的财产，而新近去世的印加国王则保留他的家族（帕纳卡）和统治积累的财富。在这种情况下，后者的主要家人是他的女性亲属，这些女性亲属后来会成为印加统治者的正妻（*coya*）。因此，一些学者粗略地将帕纳卡解释为一群兄弟和他们的姐妹，他们从一个共同的印加男性祖先沿着母系传承下来。这个群体的成员实行异族通婚：与家族以外的人通婚。事实上，萨帕印加和高层帕纳卡女性（通常是印加国王的亲姐妹、同父异母的姐妹或堂姐妹）之间的婚姻确保了两件事：第一，来自他妻子的帕纳卡的支持；第二，通过他们母亲的帕纳卡血统来支持印加国王的儿子和以前的继承人。西班牙编年史学家低估了女性在安第斯——以及印加——社会中的作用和地位。直到最近，学者们才开始解读这个社会中女性真正的力量。

此外，帕纳卡的中心是对已故印加的崇敬。在安第斯山脉，对死者的崇敬由来已久，但随着印加和帕纳卡的出现，这种崇敬又走向了新的极端。例如，到 1525 年瓦斯卡尔即位时，他必须面对 11 位已故国王的帕纳卡，每个帕纳卡都有自己的代理人和政治目的。这些目的本质上是保守的，旨在维护特定家庭的权利和特权。难怪瓦斯卡尔试图限制他们，以获得更强有力的集中控制和治理。不用说，在瓦斯卡尔事件的转折中，大部分帕纳卡随后与他同父异母的兄弟、竞争对手和最终的继任者阿塔瓦尔帕（公元 1532—1533 年在位）结盟。印加帝国的兴衰必须在这种双重的，有时是相互竞争的王权和帕纳卡权势的视角下理解，理解它们各自在继承和治理中的角色，以及这对帝国如何最终自掘坟墓的结果意味着什么。

印加历史标准及漫长的时间线为帝国的崛起提供了相对较短的、介于 95—150 年之间的年表。因此，从各方面看，这种扩张的速度十分惊人，国家和族群机构努力跟上它的增长步伐，其最大范围从厄瓜多尔北部延伸到阿根廷和智利的西北部，超过 4000 千米。考虑到管理如此庞大帝国的压力，15 世纪的印加扩张主义者，尤其是最后一个无可争议的印加国王瓦伊纳 · 卡帕克，在寻求军队职业化的同时，试图更新帝国的制度，扩大对殖民者的使用，规范劳工的流动，这并不奇怪。

这些改革与其他改革同时进行，以改善印加帝国固有的动荡且复杂的继承体系，首先，可能在帕恰库特 · 印加 · 尤潘基的领导下，指定印加的一位（或几位）正妻，从她（们）的儿子中选出下一位印加国王。虽然这种做法并不总是成功，最能干或最无情的人往往能登上流苏宝座[1]，但它至少为他们的王室继承体系建立了某种基本秩序。随后，在托帕 · 印加 · 尤潘基的领导下进行了进

[1] 印加王室的标志是 *mascaipacha*，一种流苏。

一步的、更激烈的改革，规定印加国王的正妻必须是他的亲姐妹（虽然最后这通常指的是他同父异母的姐妹或堂姐妹）。考虑到侧室和嫔妃的数量，这被视为控制潜在王位继承者的一种手段，而印加国王在上位过程中杀死许多同父异母的兄弟也曾有先例（这正是托帕·印加·尤潘基和瓦伊纳·卡帕克在他们统治早期所做的）。

就继承权而言，可以说印加王权的核心问题是在权力政治中缺乏长子继承制（primogeniture）。即使在实行长子继承制——比如9—15世纪的欧洲封建社会——的国家，长子也不一定继承王位。但长子继承制建立了一套基本得到遵守的规则。缺乏明确的继承制给印加帝国的继承体系带来了严重的不稳定因素，在这个体系中，强大而有野心的人可以驱逐弱小而无能的人。它还带来过一段时间的混乱，对帝国的新生机构造成了严重破坏。看看瓦斯卡尔和阿塔瓦尔帕之间的印加内战之前的最后四个印加国王，就会发现印加王位继承的复杂性。

从帕恰库特·印加·尤潘基开始，他对早期被印加妖魔化的昌卡人的辉煌而神圣的胜利不过是为了掩盖他从父亲维拉科查（约公元1410—1438年在位）手中篡夺王位的故事，他将维拉科查流放，后者的指定继承人是他的哥哥印加·乌尔孔，后来死于帕恰库特之手。此外，帕恰库特还清除了印加·乌尔孔的所有家人，这一策略被阿塔瓦尔帕再次用于对付瓦斯卡尔。反过来，帕恰库特的儿子托帕·印加·尤潘基至少有一个兄弟——阿马鲁·托帕·印加（Amaru Topa Inca）——被清洗出局，使他得以毫无阻碍地登上王位。托帕·印加·尤潘基在他父亲帕恰库特统治后期的长期管理，他成功的军事行动和王室血统似乎使他成功地继承了王位。然而，能力并不总是生存的先决条件。帕恰库特处决了其他成功的印加军官——包括他的亲兄弟卡帕克·尤潘基（Capac Yupanqui）。在卡帕克·尤潘基的例子中，他在安第斯山脉中北部的战役中获胜后被处决。这个例子说明，你可以成功，但最好不要太成功。

正是卡帕克·尤潘基的死，使托帕·印加·尤潘基的地位得以巩固，并最终登上印加王位。但他没有完全享受自己成功的果实。民族史学证据表明，托帕·印加·尤潘基在他统治初期努力争取库斯科其他印加帕纳卡的支持：他最终在首都附近神圣山谷的钦切罗斯皇家庄园被人投毒或用箭射死。托帕·印加·尤潘基的指定继承人，由他的亲姐妹玛玛·奥克略所生，名叫提图·库西·瓜尔帕（Titu Cusi Guallpa），后来称为瓦伊纳·卡帕克（印加帝国的继承人在获得王位后改名字是很常见的。）然而，瓦伊纳·卡帕克的王位也受到了他的另一个兄弟卡帕克·瓜里（Cápac Guari）的争夺，瓜里是帕恰库特第二位妻子楚基·奥克略（Chuqui Ocllo）的儿子。

当这些事件发生时，瓦伊纳·卡帕克还很年轻，他对王位的追求受到两个叔叔，瓜尔帕亚和瓜曼·阿卡奇的压制。瓜尔帕亚是一名军事领袖，可能是托帕·印加·尤潘基的共同统治者，他试图自己夺取王位，后来被瓜曼·阿卡奇杀死。在最终获得王位后，瓦伊纳·卡帕克处死了另外两个兄弟，并从大多数官方记录中抹去了想篡位的卡帕克·瓜里和其家人的信息。

瓦伊纳·卡帕克遵循所有必要的传统，选择他的亲妹妹库西·里迈（Cusi Rimay）作为他的正妻。不幸的是，库西·里迈在分娩她唯一的儿子尼南·库尤奇（Ninan Cuyuchi）时死亡。这对亲兄妹结合的唯一后代被宣布为其父亲瓦伊纳·卡帕克的主要继承人。然而，尼南·库尤奇从未有机会登基，他与其父亲相继死于1525年席卷安第斯山脉的天花，当时他还很年轻，只有10—12岁。这为印加帝国的最终结局以及瓦伊纳·卡帕克的另外两个儿子——瓦斯卡尔和阿塔瓦尔帕——发动手足相残的内战埋下了伏笔。

从这段简要介绍内战前最后三任印加国王继承危机的文字中可以看出，无论赢家还是输家，帝国王位的继承都可能是复杂和危险的。这些危急时刻，由于帕纳卡——已故国王的家人——所扮演的角色，以及印加统治者的妻妾成群的宫廷阴谋而变得更加复杂。反过来，这些女性中有许多是帕纳卡的成员，因此习惯性地促进自己所在群体、家庭的利益，并作为来自库斯科以外地区的妻子或母亲的，促进其原生区域的利益。1537年，保柳·印加[1]即位；他的母亲阿尼亚兹·科尔克（Añaz Colque）来自华伊拉斯省（Huaylas），而此地因此受到保柳·印加的偏爱。

顺便说一下，瓦斯卡尔和阿塔瓦尔帕的母亲都不是瓦伊纳·卡帕克的正妻，尽管瓦斯卡尔确实让他的母亲与瓦伊纳·卡帕克的木乃伊成婚，以进一步使他的统治合法化。这种冥婚（necrogamy）的例子之所以可能，是因为安第斯山脉的亡者保留了一定程度的能动性和活力，这与他们生前的显赫地位和死后显而易见的神谕力量相一致。作为虽死犹生的神灵，印加王室的亡者通过他们的帕纳卡掌握着相当大的权力。

如前所述，帕纳卡是萨帕印加去世时围绕他的形象建立起来的家族。印加帝国实行分割继承，王位继承人除了继承自己的王权外，什么也不继承，而已故印加国王遗下的妻妾、儿女组成了一个帕纳卡，照顾他的遗体，成为库斯科周围切克系统的一部分。在新家族的成员中，会选出一个能代表已故印加国王的人，为他虽死犹生的神谕能力代言。这些帕纳卡控制着先王统治期间征服或裁决给他们的土地和田庄，在日常议会及与印加统治者的商议中具有相当大的权威。这对于强大的帕纳卡来说尤其如此，例如帕恰库特·印

[1] Paullu Inca，即之后的克里斯托瓦尔·保柳·印加，1518—1549年。

加·尤潘基（哈通帕纳卡，虽然他最初是伊纳卡帕纳卡）以及托帕·印加·尤潘基（卡帕克帕纳卡）。这些家族的威望不在于某帕纳卡有多古老，而在于它拥有多少财产，这就是为什么后来的家族，尤其是帕恰库特、托帕·印加和瓦伊纳·卡帕克二者的家族，通过征服获得了大量财产，具有极大的影响力。

下库斯科（Hurin Cuzco）

曼科·卡帕克 （Manco Capac）	奇玛帕纳卡 （Chima panaca）
辛奇·罗卡 （Sinchi Roca）	罗拉帕纳卡 （Raura panaca）
略克·尤潘基 （Lloque Yupanqui）	奥尼帕纳卡 （Auayni panaca）
迈塔·卡帕克 （Mayta Capac）	乌斯卡帕纳卡 （Usca panaca）
卡帕克·尤潘基 （Capac Yupanqui）	阿波迈塔帕纳卡 （Apo Mayta panaca）

上库斯科（Hanan Cuzco）

印加·罗卡 （Inca Roca）	乌卡基拉奥帕纳卡 （Uicaquirao panaca）
亚瓦尔·瓦卡克 （Yahuar Huacac）	奥卡利帕纳卡 （Aucaylli panaca）

维拉科查·印加 (Viracocha Inca)	索科索帕纳卡 (Socso panaca)
帕恰库特·印加·尤潘基 (Pachacutec Inca Yupanqui)	哈通（前伊纳卡）帕纳卡 [Hatun (formerly Inaca) panaca]
托帕·印加·尤潘基 (Topa Inca Yupanqui)	卡帕克帕纳卡 (Capac panaca)
瓦伊纳·卡帕克 (Huayna Capac)	图米潘帕帕纳卡 (Tumipampa panaca)

表 1　印加国王列表，分为上（*hanan*）库斯科和下（*hurin*）库斯科以及各自的帕纳卡

如前所述，与阿伊鲁相比，帕纳卡是母系的，因此是女性可以行使影响力和权力的媒介。事实上，考虑到印加统治者死后才建立自己的王族，他在世时会与母亲的亲属和帕纳卡保持密切的联系。此外，在这个时期的安第斯山脉，女性不像欧洲女性，也不像后来在西班牙统治下的女性那样处于从属地位。在一个高度二元化社会（分成不均等的且相互作用的两部分）中，女性总是占据下半部分，而男性则属于上半部分（上下部分分别称为 *hanan* 和 *hurin*，这是贯穿安第斯社会的经典的双重划分）。然而，在安第斯社会中，尤其是精英阶层中，男女之间的关系基本上是互补的。因此，印加统治者通常会从王室中挑选他们的正妻和嫔妃，以巩固他们在库斯科的权力和联盟，以及与帕纳卡的关系。因此，来自权贵家庭的女性受到青睐。反过来，这些女性与她们的原生家庭保持联系，并通过她们的儿子和女儿的有利婚姻努力促进帕纳卡的利益。女性还拥有自己的土地和资源，这为她们的权力奠定了坚实的基础。

没有哪个女人比 *coya* 有更大的权力，她是萨帕印加的正妻（通常是他的亲姐妹，或者在某些情况下是同父异母的姐妹或堂姐妹）。在印加的亲属关系中，同父异母的姐妹和堂姐妹也被视为亲姐妹，而姐妹在任何情况下都可能不止一个。印加国王与其正妻的联姻被认为是对安第斯山脉最初神圣夫妻关系的再现，也就是所谓的 *yanantin*，即太阳（父亲）和月亮（母亲）之间的婚姻。作为未来继承人的母亲，她们拥有相当大的影响力，尤其是如果她们的儿子年轻时就获得了王位，就像瓦伊纳·卡帕克那样。就此而言，玛玛·奥克略在她丈夫托帕·印加·尤潘基死后迅速采取行动，为她儿子瓦伊纳·卡帕克确保了王位。女性在这些国家事务中的权力突出体现了这样一个事实：在各种继承权危机期间，来自特定家庭的妇女也会被定期挑选出来终止危机。1532 年，阿塔瓦尔帕打败了瓦斯卡尔，处死了他和他的所有家人，包括他母亲的卡帕克帕纳卡的大量亲属。事实上，他对这个帕纳卡极其愤怒和仇恨，以至于他烧毁了托帕·印加·尤潘基——卡帕克帕纳卡的名义首领，以及他的祖父——的木乃伊。

在一个如此尊崇死者的文化中，蓄意毁坏自己的直系祖先是一种极端的做法。然而，这种激进的行为证明了两件事：第一，帕纳卡源于母系概念。阿塔瓦尔帕通过与其母亲托克托·奥克略·库卡（Tocto Occllo Cuca）的血缘，属于帕恰库特·印加·尤潘基家族哈通帕纳卡。因此，阿塔瓦尔帕只破坏了他的父系血统。第二，消灭王室家族是可能的。托帕·印加·尤潘基的木乃伊和家族的毁灭很可能为这一帕纳卡的最终消灭或驱逐铺平了道路，并展示了印加历史是如何在口述传统的基础上周期性地被改写的。这也许可以解释为什么会有额外的帕纳卡没有出现在国王列表上。这些遗漏包括在国王列表的上库斯科部分，如库斯科帕纳卡和伊纳卡帕纳卡（帕恰库特·印加·尤潘基原本属于这里），而在同一列表的下库斯科部分，遗漏的有马斯卡（Masca）、索泽雷（Sauaseray）和尤里（Yauri）帕纳卡。

反过来，帕纳卡与十个非王室的阿伊鲁——肖安库斯科（Chauin Cuzco）、阿拉亚拉（Arayraca）、瓜伊凯塔基（Guaycaytaqui）、塔蓬泰（Tarpuntay）、萨诺克（Sañoc）、苏蒂克（Sutic）、马拉斯（Maras）、奎库萨（Cuicusa）、马斯卡（Masca）、奎斯科（Quesco）——有关，这些阿伊鲁以其在库斯科地区的地方命名。这十个阿伊鲁的祖先与印加创始神话或库斯科地区的原住民有后天的、想象的或推测的联系，因此他们的地位高于地方族群的阿伊鲁。贵族帕纳卡和非王室的阿伊鲁之间的关系再次表明了印加和安第斯社会结构中的不平等但互动的二元性。这就引出了一个与错综复杂的印加继承制度相关的同样棘手的问题：印加的统治是如何组织实施的?

自 20 世纪 60 年代以来，关于印加统治如何实现的学术争论一直在激烈地进行。这似乎是一个过于深奥的讨论，但它对理解印加人如何在整个帝国施展自己的力量很重要。这些学术讨论在正统观点和非正统观点之间摇摆不定，前者认为印加帝国是标准的单一统治者君主政体，后者则认为印加国王列表揭示了一种二元（两人统治）甚至是三元（三人统治）的政体。所有研究这个问题的学者的论点都建立在相同的早期民族史记载上，这一事实使问题更加复杂。民族史记载通常是由西班牙编年史学家撰写的，他们试图理解他们所看到的或者他们从原住民目击者那里了解到的东西。从本质上说，所有这些史料来源都是有缺陷的，而它们内在的真相，实际上可以有许多不同的方式重新解释。

尽管如此，关于印加的统治权，我们仔细分析了单一君主政体和不同形式的共同统治的不同论点，考虑到安第斯人固有的二元论世界观，帝国内部可能存在某种形式的共同统治，即居统治地位的萨帕印加和一个较弱的共治者，这似乎是合理的。这对解释印加统治者和印加历史上一些边缘人物之间既有趣又密切的联系大有帮助，比如卡帕克·尤潘基、阿马鲁·托帕和塔可·华曼等。事实上，在二元性的终极表述中，萨帕印加本身被分为两部分，一部分包含他的肉体自我，另一部分包含他的“兄弟”类像（icon），或替身（*huauque*），它陪伴着他的生与死，甚至可以在仪式、典礼及公共活动中代为主持。这就是为什么萨帕印加可以同时出现在两个地方。

我们知道印加的国王列表，就像大部分安第斯社会一样，被分成两个部分，分别属于下王朝和上王朝。传统上，这个国王列表被认为是连续的，因为2在1后面，3在2后面，以此类推。然而，从R. 汤姆·朱伊德马开始的对国王列表问题的仔细研究和他对资料来源的细致分析表明，曼科·卡帕克，第一个萨帕印加，可能是虚构的两个世系的共同祖先，随后的上王朝和下王朝名单是同时代的，而不是顺序排列的，下王朝印加是同时在任的萨帕印加的替补。著名的法国民族史学家皮埃尔·迪维奥尔进一步阐述了这一点，他提出了一个国王列表的变体，如表2所示：

1　曼科·卡帕克
(Manco Capac)

上王朝统治者 (Hanan Rulers)	下王朝统治者 (Hurin Rulers)
6　印加·罗卡	2　辛奇·罗卡

(Inca Roca)	(Sinchi Roca)
7 亚瓦尔·瓦卡克 (Yahuar Huacac)	3 略克·尤潘基 (Lloque Yupanqui)
8 维拉科查·印加 (Viracocha Inca)	4 迈塔·卡帕克 (Mayta Capac)
9 帕恰库特·印加·尤潘基 (Pachacutec Inca Yupanqui)	5 卡帕克·尤潘基 (Capac Yupanqui)
10 托帕·印加·尤潘基 (Topa Inca Yupanqui)	——塔可·华曼（?） [Tarco Huaman（?）]
10 托帕·印加·尤潘基 (Topa Inca Yupanqui)	——塔可·华曼之子(?) [son of Tarco Huaman（?）]
11 瓦伊纳·卡帕克 (Huayna Capac)	——坦博·迈塔，唐·胡安（?） [Tambo Mayta, Don Juan(?)]
12 瓦斯卡尔·印加 (Huascar Inca)	——坦博·迈塔，唐·胡安（?） [Tambo Mayta, Don Juan(?)]

表 2 印加统治者分为上（*hanan*）王朝和下（*hurin*）王朝两种国王列表

我们马上就可以看出，所有 12 个标准的印加国王都包括在名单中，还有其他一些人，如塔可·华曼和坦博·迈塔。有趣的是，托帕·印加·尤潘基似乎有两个同宗族的共同统治者：塔可·华曼和他的儿子（佚名）。上下库斯科家族的分裂也解释了卡帕克·尤潘基是如何成为印加国王的，他是帕恰库特·印加·尤潘基的兄弟和北方军队的指挥官。

事实上，考虑到文献资料中出现的许多反常现象，其中涉及的许多人彼此都是同时代的，那二元性和某种二元结构——包括萨帕印加的替身的这种行为——似乎是对这些令人困惑的名称、人物和角色重叠的最合乎逻辑的解释。就此而言，说明二元论问题的最好例子可能是帕恰库特・印加・尤潘基和他的儿子托帕・印加・尤潘基在帕恰库特后期统治期间的联合出征。随着年龄的增长（他一直活到 50 多岁或 60 岁出头），帕恰库特似乎越来越多地留在库斯科，将帝国的扩张委托给他的儿子和继承人。这可能是一个共同统治的模式，萨帕印加和他的副手在印加帝国发挥着不同但互补的作用。一个更早的例子是维拉科查・印加（第八代印加统治者）和他的儿子印加・奥康，印加・奥康死于他的兄弟帕恰库特・印加・尤潘基之手。

似乎在大多数情况下，第二个“统治者”都参与了库斯科，或印加帝国的其他方面的治理。例如，另一个潜在的第二位印加（职责不同）是阿马鲁・托帕，帕恰库特的另一个儿子。有些资料说，他最初被选为国王宝座的继承人，但他太温和了，无法承受权力的高压——他的主要兴趣在于水利工程和农业——所以被罢黜，他的兄弟托帕・印加・尤潘基取代了他的位置。然而，在印加社会的顶端，阿马鲁・托帕和其他最终不那么有价值的人可能与权力保持着不同的关系。在阿马鲁·托帕的事例中，这种关系包括负责监督基础设施项目和经济事务。

塔可·华曼和他的后代作为托帕·印加·尤潘基、瓦伊纳·卡帕克，可能还有瓦斯卡尔的次要统治者的相对匿名表明，随着印加帝国的发展，二元统治的权力削弱了，权力越来越多地授予了萨帕印加和他的替身。事实上，随着国家集权和更垂直的政府形式变得更普遍且更受青睐，早期印加统治者表面上的二元性可能变得不那么明显了。同样，人们也可以从大致相同的角度来看待削弱帕纳卡权力的现象，尤其是瓦斯卡尔的举措。

最后，更令人眼花缭乱的是，还有其他国王列表，主张进一步的权力划分，包括三元结构（三位统治者），奥康、阿马鲁·托帕和保柳·印加以第二位或第三位统治者的身份出现。卓越的秘鲁民族史学家玛丽亚·罗斯沃罗斯基·德·迪耶斯·坎塞科对这个问题的看法可能达到了这些没有尽头的权力划分主张的顶点。当考虑到四分的塔万廷苏尤时，她将二元划分推向合乎逻辑的结论，并指向四个统治印加的人，每个统治者都拥有自己的1/4，作为1/4的北方（钦察苏尤）统治着其他地区（其次是安提苏尤作为其上王朝的女性对应部分，然后是科利亚苏尤作为下王朝男性分支，然后是孔蒂苏尤作为下王朝女性分支）。在这个结构中，最重要的萨帕印加也是钦察苏尤的直接统治者。同样，一些学者进一步提出，每个塔万廷苏尤的 1/4，即每个“苏尤”，可能有自己的“圣地”（帕卡瑞纳）。

所有这些关于印加国王、女性、二元性和王室家族的难题告诉我们，西班牙人并没有完全理解印加统治的复杂性：它是如何在社会的最高阶层之间协调的，而萨帕印加又是如何在正妻、嫔妃、姬妾及帕纳卡之间维系他的权威的。同样真实的是，印加帝国的政治制度在 16 世纪初处于一种不断变化的状态：这是一种深层次的重组过程，西班牙人破坏并有选择地瓦解了这一过程，还保留并扭曲了某些制度，比如被称为劳工的民众对国家的劳动义务。

在这个国家创立、重建和巩固的过程中，有个人物一次又一次地出现，他就是科里坎查的大祭司维拉克·乌木，科里坎查是库斯科的太阳神殿和帝国的宗教中心。可能在帕恰库特·印加·尤潘基的统治下，维拉克·乌木的地位，仅次于君权神授的萨帕印加，是帝国的最大宗教权威，负责保护潘乔，即朝日神的神圣形象。他是从帕纳卡中挑选出来的，因此是印加王室的后代。不管他最初是来自上库斯科还是下库斯科，他在成为维拉克·乌木后成了下朝的一员。在印加帝国神圣的伙伴关系中，萨帕印加在另一种不平等的关系中保留了最终的神圣权威，这一次以精神力量和权威为中心。然而维拉克·乌木保留了相当大的权威，特别是通过加冕礼来支持新的萨帕印加的权力。虽然他们大多以宗教身份服务，但有时也会担任军队将领，尤其是在阿塔瓦尔帕和曼科·印加[1]统治下，后者是新晋印加统治者之一，统治着残余的比尔卡班巴王国（公元1537—1572年），这是16世纪30年代早期被西班牙人打败后建立的王国。

除了维拉克·乌木，萨帕印加还由具有王室血统的印加人，也就是各种帕纳卡的成员提供服务。正如我们所看到的，这是一把双刃剑；这些人的忠诚主要是对他们家族的忠诚，而已故的印加国王处于权力金字塔的顶端。然而，具有王室血统的印加人在库斯科的社会和政治中形成了一个有影响力的群体，包括兄弟姐妹、侄子和侄女，他们与执政的印加国王有各种不同的亲属关系。他们共同组成了印加王族（*Incacuna*），他们的头衔包括行省的行政长官和总督、军队的将领和皇家卫队或精锐部队的士兵——后者是印加帝国最接近常备军的军队。作为印加国王的血亲，他们组成了家族的堡垒和帝国的宫廷，尽管正如前面提到的，这种忠诚不断受到他们所属帕纳卡的考验。

在他们之下是印加权贵（Inca-by-privilege）。他们是库斯科地区的非印加王室的成员。某种程度上，他们也组成了大部分的阿伊鲁，与上面提到的帕纳卡有关，通过与王室成员的联姻，他们成了

[1] Manco Inca，1516—1544年。

王室外戚，或者如原住民编年史学家费莉佩·瓜曼·波马·德·阿亚拉称之为“弱势印加”（*huaccha* Incas），与萨帕印加相对。总的来说，印加权贵来自库斯科地区内 26 个不同的族群，如马尤族（Mayu）、安塔族（Anta）、波克族（Poques）、乌尔科斯族（Urcos）和奇尔克族（Chilque）。这个印加社会的特权阶层占据了中层行政机构的位置，他们大多只在经济和仪式上管理印加首都库斯科周围的核心区域。

与印加权贵并列的还有另一个较小的精英阶层，他们是领主权贵（lords-by-privilege）。领主权贵指的是被某个印加国王擢升到特权地位的人，类似于之前提到的亚纳科纳领主。这个职位通常是非世袭的，可以随时撤销。脱离了阿伊鲁，这些领主权贵的地位和权力完全归于印加国王，因此他们对统治者的忠诚是至高无上的。这样的例子在早期的殖民资料中就有，比如佩德罗·阿斯塔科（Pedro Astaco），他的父亲是托帕·印加·尤潘基的仆人，被擢升为库斯科附近一个城镇的领主。这几乎是一种超级殖民，他们的一个重要功能是管理麻烦或僻远的区域。

在这些不同类别的印加王族和特权阶层之下，是地方的领主。被印加征服，或被印加说服而投诚，这些领主本身可能就是有权势的人物。有证据表明，印加国王自己——至少在权力倾向于分散的高地——为不同的省份推广了单一或双重领袖，或首领的概念。这一统治者或王国的概念在北部、中部和南部海岸传统悠久，如奇穆、伊奇马（Ychma）和钦察等，但自从 11 世纪和 12 世纪蒂亚瓦纳科帝国和瓦里帝国垮台以来，这片高地就一直处于典型的四分五裂状态。让领主控制更大范围的土地以便印加国王（以及后来的西班牙人）更容易治理。这些领主和他们的民众，比如钦察的领主，都是印加国王的忠实臣民。钦察的领主被赋予了一种特殊的荣誉：像萨帕印加一样被人抬在轿子上；在 1532 年的卡哈马卡战役中，在抓获阿塔瓦尔帕时，他还坐着王室的轿子，最终他被西班牙人杀死。

而其他领主，尤其是那些刚刚加入帝国的领主，其忠诚度则有待提高。正是他们，以及瓦斯卡尔的追随者——印加内战中的败军——最早投奔西班牙人，造成了戏剧性的后果。对帝国来说，确保忠诚一直是个问题；在晚中间期和印加时期极其独立的安第斯山脉，人们首先要忠于自己的阿伊鲁或社区，或者，在有帕纳卡的情况下，忠于他们死去的领主和家族。因此，考虑到印加征服的高度个性化和他们的分割继承政策，几乎每一位新的萨帕印加都必须进行多次战役，以平息前一位萨帕印加死后可能爆发的各种叛乱。编年史中充满了新晋统治者在发动征服战争之前必须进行的各种战役的故事，这可能就是为什么某些印加国王在对被征服的土地进行统计时，一再显示同样的地方被征服以及并入帝国的原因。例如，瓦伊纳·卡帕克在他统治的最初几年里平息了帝国南部的战乱并扩大了其疆域，以及镇压了的的喀喀地区和秘鲁北部海岸的主要叛乱。只有那时他才有足够的自由去征服北方，直到今天的厄瓜多尔和哥伦比亚的最南部边界，最终到达帝国的最北部。

总之，在 16 世纪 30 年代中期，印加帝国正处于扩张的顶峰，但同时也带来了许多问题，这些问题源自快速的发展以及维系国家的力量改革不足。地方的阿伊鲁，地区领主和库斯科本身，被分为帕纳卡、非王室的阿伊鲁和印加权贵，都反对印加帝国和国家机构的中央集权倾向，诸如领主权贵、亚纳科纳、贞女和殖民者等国家机构。每个帝国都有一个崩溃节点，尽管事后预测崩溃节点往往是徒劳的，但对印加帝国未来的预兆一定是乌云密布。这些预言可能是准确的：十年之内，印加帝国面临崩溃，世界上最强大、最辉煌、最独特的帝国之一也就此瓦解。

第7章

危机、疫病及崩溃

的确，征服者的魔掌已经伸进了这些古老的建筑物，而且他们在盲目地和愚昧地搜寻隐藏的财物时所造成的破坏，比时间或地震造成的破坏大得多。

——威廉·希克林·普雷斯科特（William Hickling Presscott），《秘鲁征服史》（*History of the Conquest of Peru*）（1847）[1]

在1525年的某个时候，当瓦伊纳·卡帕克在基多因感染天花（可能混合了麻疹和疟疾）高烧不退而奄奄一息时，这种流行病正在北部与位于哥伦比亚的部落作战的印加军队中暴发，他要求将带有流苏和印加统治标志的王冠赐给他的儿子和继承人，时年10—12岁的尼南·库尤奇。根据印加帝国的继承传统，他的亲姐妹兼妻子的独子尼南·库尤奇，被认为是下一个继承人，即使他只是一个稚嫩的年轻人。瓦伊纳·卡帕克根本不知道他年幼的儿子很快就会死去，或者已经在几天前死于同样的疾病，这种疾病摧毁了他的身体并蹂躏了整个帝国。

尼南·库尤奇的死打开了争夺继承权的乱局，这在印加历史上很常见。由于没有一个由正妻所生的确定继承人，可能的继承人的

[1] ［美］普雷斯科特：《秘鲁征服史》，周叶谦等译，商务印书馆1996年版，第140页。——译者注

数量就像瓦伊纳·卡帕克的众多后代一样多。他的后代包括至少两百，可能多达三百名子女，其中相当多的人将死于随后爆发的印加内战。在这众多的亲兄弟和同父异母的兄弟中，两个与不同的帕纳卡有密切联系的强大竞争者出现了，他们开始了王位的争夺：库西·瓦尔帕（Cusi Hualpa）在历史上被称为瓦斯卡尔，属于托帕·印加·尤潘基重要的卡帕克帕纳卡，而阿塔瓦尔帕是托克托·奥克略·库卡的儿子，来自帕恰库特极具影响力的哈通帕纳卡。最终，至少有五个瓦伊纳·卡帕克的儿子登上了王位，其中三个处于西班牙的庇护下。

关于瓦伊纳·卡帕克去世前后究竟发生了何事的记载各不相同，尽管这些不同消息来源的普遍共识是，他首先指定尼南·库尤奇为他的继承人，但占卜者的预言给出的结果是否定的（尼南·库尤奇本人也已经奄奄一息或逝世了）。后来病情越来越严重的萨帕印加指定瓦斯卡尔作为他的继承人，但同样的，占卜的结果也是否定的。当祭司们最后一次返回时，他们发现瓦伊纳·卡帕克死了。使者随后被派往图米潘帕（位于今天厄瓜多尔的昆卡附近），通知尼南·库尤奇和他可能的共同统治者、同父异母的兄弟阿塔瓦尔帕登基的消息。然而尼南·库尤奇已经死了，因而任何野心勃勃的印加王室新贵都可以踏上王位之路。

图 40　第十三代印加国王瓦斯卡尔肖像，作者不详，
18 世纪中叶，布面油画

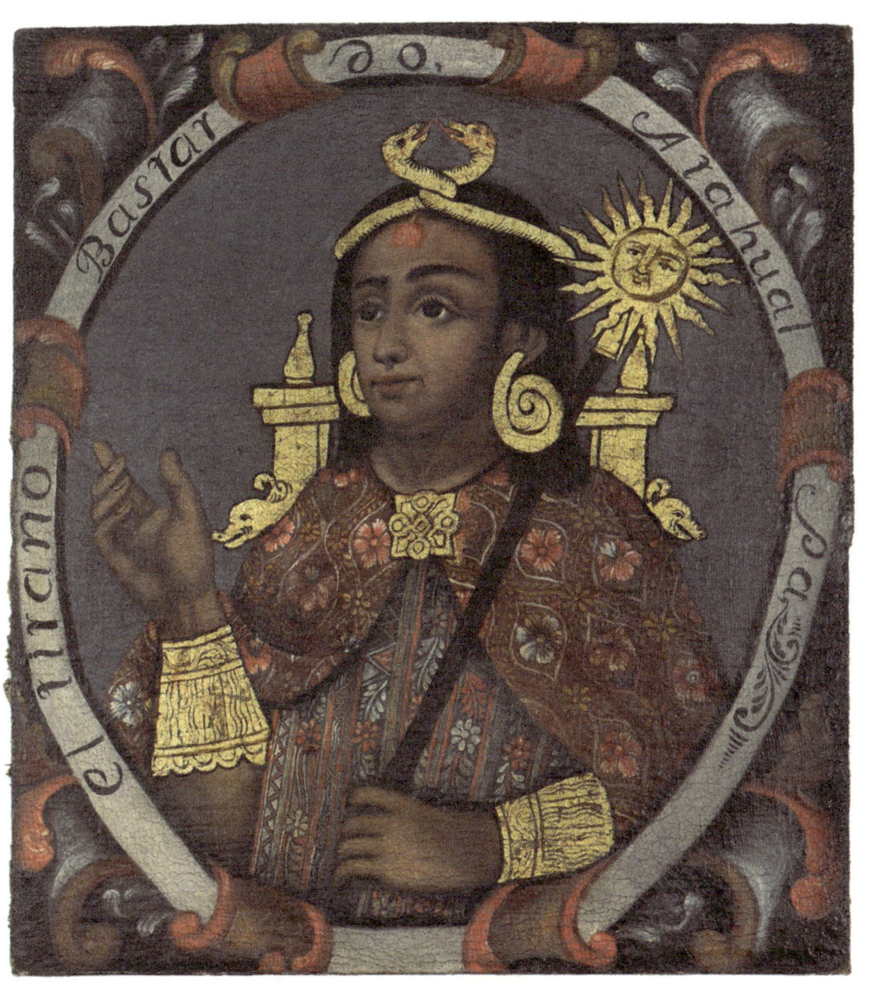

图 41　第十四代印加国王阿塔瓦尔帕肖像，作者不详，
18 世纪中叶，布面油画

早期的资料来源中，印加·加西拉索·德·拉·维加是早期西班牙殖民地重要的印加—西班牙混血的编年史学家，他就指出，瓦伊纳·卡帕克实际上呼吁分而治之：瓦斯卡尔统治南部，阿塔瓦尔帕统治北部。加西拉索这么说可能是为了粉饰历史，使其更符合欧洲中世纪的王权标准和兄弟姐妹间的土地分封。或者，更有可能的是，印加·加西拉索·德·拉·维加这么说是为了抹黑阿塔瓦尔帕的名声，因为印加·加西拉索·德·拉·维加本人属于瓦斯卡尔的母系血统，因此也是卡帕克帕纳卡的成员。通过描述瓦斯卡尔接受他父亲对帝国的分割，他把阿塔瓦尔帕塑造成一个贪婪的兄弟，对自己微不足道的地位甚为不满。

事实上，印加·加西拉索·德·拉·维加讲述的故事让阿塔瓦尔帕看起来像一个魔鬼。在加西拉索·德·拉·维加的复述中，阿塔瓦尔帕是贵族瓦伊纳·卡帕克的私生子，他残忍地虐待并利用了他同父异母的兄弟瓦斯卡尔的善意和天真。在这一点上，就像在他所有关于阿塔瓦尔帕和他的母系帕纳卡，帕恰库特的哈通帕纳卡的文章中一样，印加·加西拉索·德·拉·维加是别有用心的。事实上，他进一步贬损了阿塔瓦尔帕继承王位的合法性，声称他的母亲甚至并非来自库斯科，而是一位来自今天厄瓜多尔基多地区的公主。如果属实的话，阿塔瓦尔帕继承王位的依据就会变弱，他只能通过他的父系血统，而不是通过帕纳卡最重要的母系血统获得王冠。

有趣的是，在围绕瓦伊纳·卡帕克之死的阴云中，女性再次展现了其意愿和行动，这次是罗拉·奥克略（Raura Ocllo），瓦斯卡尔的母亲，托帕·印加·尤潘基的卡帕克帕纳卡的成员。瓦伊纳·卡帕克去世后，她迅速离开基多，急忙南下库斯科，告知儿子他父亲死亡的消息，同时在王室中争取支持，让她的儿子继承王位。瓦斯卡尔在他父亲成功地在北方展开军事行动的时候留在了库斯科，甚至可能作为一位共同统治者。在罗拉·奥克略急速行动的同时，瓦伊纳·卡帕克的送葬行列离开基多前往库斯科，但重要的是，行列中没有阿塔瓦尔帕，也没有已故印加国王那些夺取胜利和经过战斗考验的北方将领：查尔科奇马（Chalcochima）、奎兹奎兹（Quizquiz）、鲁米纳威（Rumiñavi）和乌库马里（Ucumari）。瓦斯卡尔对所称在北方“留下”的同父异母兄弟感到非常不满，他在利马坦博附近逮捕了带着随从前往库斯科的贵族，随后拷打并处决了他们。在随后激烈的内战中，这种杀害使者的行为受到了惩罚。

由于其父亲的木乃伊仍然在他的控制下，瓦斯卡尔让他母亲与这具木乃伊结婚，使她成为瓦伊纳·卡帕克的正妻，从而进一步让瓦斯卡尔的王位合法化。瓦斯卡尔还不顾他母亲的反对，娶了他的亲姐妹乔克·胡帕（Choque Huypa）。然而，在统治的头几个月里没能控制阿塔瓦尔帕显然让瓦斯卡尔耿耿于怀；据记载，他对母亲和姐妹的愤怒是因为她们没有带他一起离开北方。瓦斯卡尔命令阿塔瓦尔帕南下，但阿塔瓦尔帕仍然盘踞在北方，并送上巴结的礼物作为回应。瓦斯卡尔不仅拒绝了礼物，还杀死了使者，并且用他们的皮做鼓面。更糟糕的是，瓦斯卡尔还给阿塔瓦尔帕送去女装、化妆品和珠宝等礼物，尖刻地暗讽他的男子气概，或干脆说他缺乏男子气概。总之，信息很明确——如果可能的话——阿塔瓦尔帕回到库斯科就意味着他的死亡。阿塔瓦尔帕在这个阶段的不断推诿可以解释为巧妙的拖延战术，他正在召集他的军队，这些军队是由忠于他父亲的北方军队和将领组成的。这些将领都是久经考验的勇士，多年来与他并肩作战。他们还支持阿塔瓦尔帕对王位的追求，而如果阿塔瓦尔帕成功夺取权力，他们将获得潜在的特权利益。

在两兄弟爆发全面冲突之前，故事还有一个波折。卡纳里人——这些凶猛的战士来自基多东部低地，但最近并入了印加帝国——利用这个安第斯王国初期的混乱，以瓦斯卡尔的名义俘虏了阿塔瓦尔帕。卡纳里人和查查波亚人一起在瓦斯卡尔手下服役，成为他的私人卫队的一部分，这让库斯科的其他帕纳卡大为恼火，因为履行这一特权职责的通常是他们。卡纳里人囚禁了阿塔瓦尔帕一段时间，但被他逃脱了（在此过程中他失去了一部分耳朵，鉴于高级贵族常佩戴耳饰，这可算是一次重伤）。1532 年阿塔瓦尔帕被捕后，他故作玄虚地告诉西班牙的审讯者，太阳神用魔法将他变成了一条蛇或一只老鼠，从而使他得以逃脱。阿塔瓦尔帕被卡纳里人抓获的事件可能推迟了军队的集结，以至于他只能在 1529 年对他的兄弟开战，那是他们的父亲瓦伊纳·卡帕克死后的第四年，印加帝国由此陷入了内战和无政府状态，直到 1532 年西班牙人到来的前夕，阿塔瓦尔帕才打败了瓦斯卡尔。这场内战带来的将会是一个完全不同的世界。

内战开始前，瓦斯卡尔就已经激怒了他在库斯科当地的支持者：首先，他将印加帝国卫队从王室人员变成了外国人；其次，他没有参加在库斯科广场频繁举行的帕纳卡和阿伊鲁的盛大宴会和狂欢活动。这些场合对于重新激活统治者和被统治者之间的互利关系至关重要——在安第斯山脉，互利关系是维系社会结构的纽带，这一点尤为重要。瓦斯卡尔的缺席可能表明他性格上的缺陷，或者可能是一种更广泛的策略，以使帕纳卡屈服。帕纳卡是基于对已故的萨帕印加的崇敬而形成的。此外，印加实行分割继承制，已故印加国王保留土地和家族权益，而他的继承人获得王位，除此之外一无所有，这意味着帕纳卡成员控制着最好的土地和资源，尤其是库斯科及其周边地区。这些死去的祖先和其家族也倾向于在与现任萨帕印加的交往中展示他们的政治力量，例如，能够对现任萨帕印加做出的决定进行反制或强制执行他们的替代方案。

就此而言，阿塔瓦尔帕披着传统主义的外衣，表面上寻求尊重帕纳卡的利益和特权，而瓦斯卡尔则扮演了反传统的角色，威胁要征用他们的土地，埋葬印加祖先的木乃伊——以此削弱对他们的崇敬——同时采取行动解散王室。他还考虑将印加帝国的统治权从传统的上库斯科转移到下库斯科，从而可能在都城和国家机构内部产生戏剧性的政治权力转移。在其他任何时候，这都可能被视为一项雄心勃勃的政治和社会复兴计划，但在面对强大的王位竞争对手时，这是一种异常危险的策略。更重要的是，阿塔瓦尔帕自己的曾祖父帕恰库特·印加·尤潘基的强有力的哈通帕纳卡在库斯科扮演了真正的第五纵队[1]角色，获得了越来越多对瓦斯卡尔的改革思想及行动不满的帕纳卡的支持。

即便如此，如果瓦斯卡尔是个更精明，或更幸运的将军，他或许能逃脱厄运。然而，战场上的失败意味着宫廷阴谋的火药桶会在他身边爆炸，并决定其家庭和家族的命运。在战场上，阿塔瓦尔帕有他父亲的老兵和克敌制胜的将军，这是他独特的优势。然而，早期他只能依靠钦察苏尤部分地区的支持，这些支持主要来自秘鲁北部和厄瓜多尔；他还得与印加的其他地方抗衡。即便如此，瓦斯卡尔似乎反应迟缓，虽然他可以依靠东部地区安提苏尤和中部沿海同样幅员较小的孔蒂苏尤兵力微薄的军队，而来自面积更大、人口更稀疏的南部科利亚苏尤地区的军队则集结缓慢。因此，双方都主要从人口稠密的钦察苏尤地区征兵，这就激化成安第斯中部地区的一场冲突。

---

[1] fifth column，该词起源于1936—1939年西班牙内战期间，现泛指隐藏在敌人内部的间谍。——译者注

双方之间的第一次重大战斗发生在尼南·库尤奇死亡的图米潘帕地区附近。在奇洛潘帕（Chillopampa）战场上，瓦斯卡尔的将军阿托克和汉戈举着太阳神雕像，与阿塔瓦尔帕的将军查尔科奇马和奎兹奎兹对峙。瓦斯卡尔一方在战场上取得初步胜利后，查尔科奇马在随后安巴托河旁的穆里汉巴托战役中成功地扭转了局势。在第二次战役中，图米潘帕的领主乌尔可·可拉被捕并被杀。阿托克和汉戈也被抓获。他们的皮被剥下来做成鼓面，阿托克的头骨被做成一只镀金的杯子，阿塔瓦尔帕用这只杯子来喝奇恰酒。乌尔科·可拉家族被屠杀，使这场日益激烈的冲突形成了残酷的模式。阿塔瓦尔帕后来惩罚了瓦斯卡尔的北方盟友卡纳里人和查查波亚人，最让他恼怒的是前者抓住过他，并继续效忠于他同父异母的兄弟。反过来，这种报复使这两个部族成了西班牙人的早期盟友。正是在图米潘帕，阿塔瓦尔帕正式接受了王冠和印加的统治权。

在这些最初的战斗之后，瓦斯卡尔的几位昔日盟友转而支持阿塔瓦尔帕，这扩大了后者的权力基础。阿塔瓦尔帕和他的将领们继续南下，与瓦斯卡尔的另外四大将领作战，他们是：关卡·奥基、阿瓦潘提、乌尔科·瓜拉卡和印加·罗卡。库斯科军队在卡萨班巴、科查瓜伊拉、彭普、豪哈和维尔卡斯遭遇了一系列败仗，阿塔瓦尔帕在击败瓦斯卡尔不断撤退的军队的同时，也获得了新的追随者。阿塔瓦尔帕带领的军队和将军们的军事知识和战斗能力似乎足以弥补他们人数上的不足。在整个战争过程中，阿塔瓦尔帕一直保持冷静的态度，却知道战场的进展，他希望将军们继续战斗，而自己不必亲自上阵。

最后，瓦斯卡尔被逼到了绝境，他亲自上阵，在库斯科附近的阿普里马克河的坦博班巴发起了战斗。在这场战斗中，瓦斯卡尔采取了一种过于复杂的综合战略，包括组建三支不同的军队，而他在军事上的经验不足最终导致了失败。想要成为库斯科统治者的伏击者反过来遭到伏击，瓦斯卡尔和他的主要将领关卡·奥基被查尔科奇马、奎兹奎兹和其军队俘虏。战败者被带到库斯科，所有的帕纳卡和城里的主要居民都被要求向阿塔瓦尔帕的“兄弟”或阿塔瓦尔帕的替身表达敬意，他的替身名为蒂西·卡帕克，在类似的场合会被视为阿塔瓦尔帕本人。这场胜利和战争结束的消息由信使派人告知了阿塔瓦尔帕，当时他居住在现在秘鲁北部的瓦马丘科。

与此同时，复仇的时刻已经到来。在阿塔瓦尔帕占领库斯科之后，瓦斯卡尔的最后一位将军——关卡·奥基——被处死，同时被处死的还有曾为瓦斯卡尔加冕的太阳神殿祭司阿波·查尔科·尤潘基和鲁帕卡。但这仅仅是个开始。就在此时，库西·托帕·尤潘基（Cusi Topa Yupanqui）来了，他就是1525年向阿塔瓦尔帕传达他父亲死讯的那个人。帕恰库特的哈通帕纳卡成员库西·托帕·尤潘基是早期归顺阿塔瓦尔帕的人，1532年他在库斯科曾惩罚过瓦斯卡尔的亲属。瓦斯卡尔母亲所在的托帕·印加·尤潘基家族的所有成员，以及瓦斯卡尔的大家庭，都成了灭绝的目标。所有人都被绞死了，包括他们的亚纳科纳公仆。此外，在一种极端的反旧制的行为中，托帕·印加·尤潘基本人备受尊敬的神圣木乃伊也被焚烧和摧毁。

这最后一桩行为是异乎寻常的，因为毁掉托帕·印加·尤潘基的遗体，实际上等于终结了他的家族。这也可能是重组库斯科政治的最初步骤。阿塔瓦尔帕杀死了 80 多个瓦斯卡尔的近亲，包括妇女和儿童，以及托帕·印加·尤潘基的后代，包括许多兄弟，他似乎打算建立一个新的帕纳卡，蒂西·卡帕克或“新朝”（New Foundation）帕纳卡，这个新的帕纳卡将与他本人紧密相连。由此看来，他的行为——包括烧毁托帕·印加·尤潘基的木乃伊和奇普，以及消灭其家族——表明阿塔瓦尔帕可能试图改写历史，这可能与三代之前的帕恰库特采取的方式相似。烧毁托帕·印加·尤潘基的奇普实际上意味着抹去了这位萨帕印加的历史。有趣的是，我们无法得知如果阿塔瓦尔帕成功地实现了这些意图，印加历史编纂会发生什么；也许托帕·印加·尤潘基的帕纳卡就会消失，他在印加扩张历史上的地位也会随之消失。

瓦斯卡尔家族几乎没有人在这场屠杀中幸存下来，除了他同父异母的兄弟曼科·印加和保柳·印加。曼科·印加打扮成农民，逃离了库斯科的大清洗，躲在都城附近，而保柳·印加则逃到了的的喀喀湖附近的科洛，这是他的地盘。这两兄弟影响了后来印加人对西班牙人到来的反应，曼科·卡帕克，也就是众所周知的曼科·印加，在反抗欧洲人之前，最初是站在欧洲人一边的，他甚至当过欧洲人的傀儡。保柳·印加转而成为西班牙人的热心支持者。他们的后代同样会在安第斯山脉印加人最后的历史篇章中选择各自父亲的立场。

据各种资料，内战双方都设法集结了强大的兵力来对抗敌方，人数多达数万人，甚至可能有数十万人。然而，这些军队是由什么人组成的，他们是如何组织作战的？除了一小群职业武士组成印加国王的私人卫队外，大多数印加军队都是从当地农民中征召来的，这是他们对国家履行劳工义务的一部分。职业的国王卫队通常由印加贵族组成，或称“大耳垂者”（*orejones*），这得名于他们在耳朵上挂的大耳饰，这也是他们社会地位的标志。萨帕印加用其他部族的战士来扩充印加贵族卫队的情况变得越来越普遍。考虑到印加王室（“大耳垂者”就是从王室挑选的）倾向于扶持他们自己的家族，这或许并不令人惊讶。瓦斯卡尔似乎已经根据这一逻辑得出结论，并将大部分“大耳垂者”排除在他的卫队之外，这激怒了库斯科的精英们。

其余的战士从各自聚居的社区中征召而来，通常在地方首领手下服役。再加上大量的地方语言和方言，印加军队虽然阵容华丽，每个团队都有着各自独特的衣服和徽章，但显得笨拙不堪。在战斗中，他们排列成十、百、千和万的十进制的队列，又分为两部分，由各自的领队指挥。这些部队很可能在这种指挥结构下进行初步训练，使这些庞大的队伍能够在战场上作战。这种二元化的指挥和控制延伸到将军的级别，因此，每一支军队总是有两个，有时甚至四个将军领导战士。虽然很难核实印加军队的士兵人数，特别是考虑到西班牙目击者倾向于夸大他们同胞面对的数量，但当时似乎仍有超过 10 万人的大部队。1536 年库斯科之围时，曼科·印加集结了 10 万—20 万的庞大军队，而在印加内战期间，瓦斯卡尔和阿塔瓦尔帕经常派出超过 10 万人的军队，尽管他们通常在战斗时的兵力只有 3 万—5 万人。

缺少大型牲畜也意味着这是一支行动缓慢的军队，队伍中有大量的搬运工、羊驼牧养人、家眷和仆人，他们形成一支名副其实的辅助部队。在印加主要道路系统的大型中转站之间移动，每天的行军速度可以达到 15—20 千米。印加军队行动迟缓，相比之下，公元 3 世纪的罗马军队——不包括骑兵——平均每天行军 30 千米，急行军的速度则在每天 40—45 千米。这些部队能够行军的核心是庞大的印加道路网——卡帕克路。这是印加军队行进和补给的节点系统，沿路建造的仓储设施，就是为此而存在。随着帝国的扩张，对更大和更专业的军队需求迅速增长。在特别顽抗的地区输入殖民者意味着一旦发生麻烦，一支忠诚的部队总是能够召之即来。此外，帝国南部和东部边境的一系列堡垒可以作为抵御外来入侵的预警系统，其作用类似于英国的哈德良长城[1]或莱茵河和多瑙河沿岸的罗马城墙。

---

[1] Hadrian's Wall，罗马军队占领不列颠岛时修建的戍边系统。——译者注

由于铁器技术的缺乏，当时的武器装备主要以木头和石头为原料，尤其是大戟、弹弓、棍棒和狼牙棒等最受欢迎。青铜也被用来制作星形或圆形的锏头。

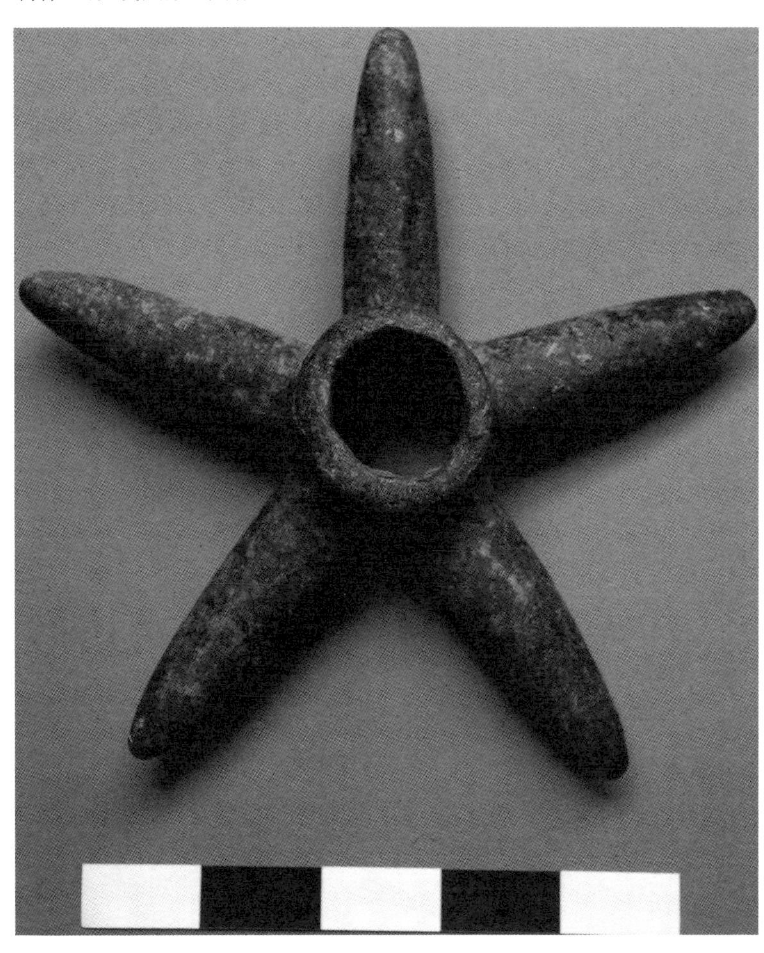

图 42　印加狼牙棒的星形杖头，桑加亚伊科古城，万卡韦利卡，秘鲁

总之，兵器是较为原始的钝器，盔甲是用棉絮或皮革制成的，并配以金属板、木材和藤条。因此，脑震荡是安第斯战争中最常见的损伤。武器还包括长矛和黑曜石箭头，后者是安提苏尤丛林战士的专利，他们也使用不同种类的标枪。战斗主要是肉搏战，在此之前，人们会喊口号、唱歌、语言侮辱和挑衅，这个过程有时会持续好几天。这种仪式化的战斗序幕很快就被印加人抛弃了，因为西班牙人显然并没有被威慑住，而是从这些预演中受益，迅速击败印加人或获得优势。同样，印加人倾向于不在新月期进行攻击，因为新月期是为纪念月神玛玛·基利亚的神圣仪式，西班牙人进一步利用了这个优势，例如，在库斯科城被围困期间，对曼科·印加在库斯科北边的萨克沙瓦曼城堡进行了攻击。

因为没有攻城武器，所以对重兵把守的山顶堡垒的攻击要么采用诡计，要么采用正面进攻。反过来，被围困的军队经常用滚动的巨石抗击来袭的敌军。印加人和他们的本土盟友经常在狭窄的山路上使用巨石来对抗西班牙军队。令人难忘的是，1536 年，冈萨洛·德·塔皮亚（Gonzalo de Tapia）和迭戈·皮萨罗的六七十名骑兵在前往解救被曼科·印加围困的由西班牙人占领的库斯科时，遭到了印加将军奎索·尤潘基的埋伏打击。在旷野进行的战斗中，本土战士的袭击变成了大规模的肉搏战，印加人采用佯攻和侧翼战术来迷惑敌人，使其顾此失彼。

图 43 库斯科城外萨克沙瓦曼的印加堡垒

不幸的是，印加人倾向于身先士卒；当与敌人拥有的技术水平不相上下，特别是敌人略逊一筹时，这不是问题，但面对手持钢枪的西班牙步兵和骑兵时，这就是一个有缺陷的战术。在 1536 年的利马战役（Battle of Lima）中，在成功占领圣克里斯托瓦尔山（Cerro San Cristóbal）附近的高地后，那位扬扬得意的巨石伏击将军——奎索·尤潘基——决定以典型的安第斯风格与镇上的西班牙人展开激战。这是个致命的错误。奋勇当先的奎索·尤潘基和其他 40 名指挥官很快被屠杀，他的军队因此群龙无首，溃不成军。事实上，印加帝国明显的垂直领导结构往往意味着，抓获将军或萨帕印

加本人，就能使军队或派系陷入瘫痪。1532 年，阿塔瓦尔帕的军队抓获了瓦斯卡尔，有效地消除了他对王位的威胁。同样，阿塔瓦尔帕同年被西班牙人抓获，他的军队可悲地陷入瘫痪，而当时西班牙人的势力还很弱小，兵力在安第斯山脉远远落后于对手。

仪式和典礼从来没有远离军队和军事活动。在出征或战斗前，要进行动物——甚至活人——祭祀，并征询瓦卡（在物体、状态或自然现象中显现的神灵或精灵，具有神谕的力量）的意见。瓦卡越强大，其建议就越有力。然而，有时神谕并没有说出人们想听到的东西。当阿塔瓦尔帕向安第斯中部著名的瓦卡卡特奎尔寻求建议时，卡特奎尔预言他的努力不会成功。阿塔瓦尔帕让人拆毁圣殿，将其夷为平地，并杀了大祭司。然而，在这件事上，卡特奎尔最终被证明是正确的。瓦卡重要的偶像和雕像，如太阳神（印蒂）和雷神（尤拉帕），被带到战场上，而捕获和劫持敌人的瓦卡是胜利和征服的有力象征。

最后，印加军队更注重战略和后勤，而不是战场战术、训练或军事技术。除了印加国王的精锐部队外，大部分军队都是在作物收获后的休耕期征召的，接着就开始行军打仗。这意味着，除了瓦斯卡尔和阿塔瓦尔帕在正常的年度募兵时间之外的破坏性内战，其军事行动主要限于 3—7 月。1536 年，曼科·印加在试图夺回西班牙人控制的库斯科时最终失败，因为他的军队在 8—9 月因为需要种植新的作物而散去。这也说明这些军队不是职业军队；在大多数情况下，他们都是普通的农牧民，只受过基本的训练和专业知识教育，或者拥有更能适应不断袭击的战斗技能，在印加崛起之前，这似乎是安第斯高地冲突的主要力量。但也有例外，某些部族提供了训练有素、英勇善战的战士，阿塔瓦尔帕的部队大概就是这样。相比之下，瓦斯卡尔的军队——虽然人数众多，场面壮观——没有那么训练有素，也没有作好战斗准备。由于这些缺陷，后者遭受了重大的损失。

这些军队各不相同的缺点意味着，作为扩张帝国的手段，印加人更多的是寻求联盟，而不是冲突。战争是留给那些特别顽固的敌人的，比如帝国北部、南部和东部边界的部落，或者奇穆王国。位于秘鲁北部海岸的奇穆王国，无疑是印加帝国成功崛起时所面临的最发达和最复杂的政权。在其最强盛时期，奇穆所拥有的土地从现在与厄瓜多尔的边界向南几乎一直延伸到利马。这两个扩张主义国家之间没有和解的可能，在帕恰库特和托帕·印加·尤潘基的统治下，经过一系列漫长而艰苦的战争，奇穆人被打败了，他们的最后一个领袖，或者叫“格兰奇穆”（Gran Chimú）——明尚卡曼（Minchancaman）及其瓦卡作为人质被带到库斯科。印加还将奇穆令人羡慕的冶金工匠据为己有。明尚卡曼战败后的奇穆王国在楚蒙考尔（Chumun Caur）的统治下沦为印加的附庸。有趣的是，征服奇穆是通过战争和摧毁奇穆从高地获取水源的策略相结合而实现的。后者可能是对抗沿海地区文化的一种行之有效的策略。居于缺水的沿海地区，奇穆总是会面临这种基本资源匮乏的困难。

对奇穆的征服使得以前与他们结盟的族群无须额外战争就转而效忠于印加帝国。尽管如此，最终维系帝国生存的无数联盟，只有像印加帝国一样强大，才能保持不同群体的忠诚。在瓦伊纳·卡帕克死后及印加内战后日益紧张的政治环境中，这种忠诚受到了重大的考验。进入这个真空期的先是瘟疫，然后是西班牙人。

弗朗西斯科·皮萨罗和他的 167 名追随者没有打败印加帝国；它在 16 世纪 30 年代初就已经摇摇欲坠，西班牙人的介入是压死骆驼的最后一根稻草。甚至在印加内战之前，来自欧洲的疾病就已经蹂躏了安第斯山脉，在原住民中造成了广泛的痛苦和伤害。长达几千年的隔绝，使美洲原住民对来自旧大陆的疾病几乎没有免疫力。因此，重要的是要了解这些疫病袭击安第斯山脉的背景，以及当地人是如何理解它们的，从而充分认识到它们对原住民产生的真实影响。至少可以说，在现代医学和对病毒、细菌及疾病的理解还处于初级阶段的背景下，这种新型致命疾病的传入令人极其痛苦。

在西班牙殖民的早期，当地的目击者说，安第斯山脉的大片地区笼罩着一层阴云，预示着印加帝国的灭亡。虽然这种现象可以解读为即将到来的天启的事后解释，但整个帝国显然存在着疾病的气息。例如，第一次流行的天花（1524—1525 年）夺走了大约 48% 的人口，包括前面提到的在任印加国王和他指定的继承人。事实上，印加帝国早期大面积的城市化和他们自己的“皇家大道”，即卡帕克路，有助于疾病在这片土地上的迅速传播。16 世纪 30 年代，又暴发了第二次天花，当时曼科·印加和他的盟友正在因其不同的生活方式和统治方式而战。天花在 1557 年、1566 年、1582 年和 1585 年几度暴发，其间还夹杂着麻疹、斑疹伤寒、鼠疫、流感和腮腺炎等其他疾病。这是真正的死亡鸡尾酒。虽然西班牙人也很难对这些疾病免疫，但他们确实有更强的抵抗力。面对这个看不见的敌人，西班牙人大多幸免于难，而印加人自己的队伍却遭到重创，当地民众对此一定非常沮丧。严峻的数字说明了一切：据估计，到 16 世纪末，距离这些疾病首次出现不到 80 年，当地人口中有 9/10 的人因此死去。到 17 世纪初，安第斯地区仅有 100 万原住民，而在印加帝国全盛时期，该地区的人口在 1200 万—1500 万之间。

当时的背景是印加帝国的人口和文化危机，事实上危机影响的也包括更大范围的原住民。这反映在早期的西班牙库斯科艺术学院（Spanish Cuzco School of Art）的艺术中，该学院主要由本土画家和雕塑家组成，他们采用了半岛[1]艺术家如弗朗西斯科·德·苏巴朗[2]和迭戈·委拉斯开兹[3]所喜爱的巴洛克风格的强调光与影对比的“暗色调绘画”（Tenebrist）风格。他们采用这种艺术风格一方面是因为它很流行，但另一方面也因为它暗淡的色调和主题。早期的基督和殉道者雕塑描绘的是苍白、憔悴、几乎病态的人物形象，经常浑身是血。在一个发病率急剧上升，人们死于可怕疫病的世界里，这很容易被视为一种模仿生活的艺术。在这样的时代，这种暗色调的艺术诠释一定会激发当地人的情感。在更广泛的信仰问题上，耶稣基督作为一个永生的死亡形象也一定特别符合安第斯人对祖先崇拜的偏好。

因此，除了 1532 年 11 月 16 日那个决定命运的早晨，在卡哈马卡对阿塔瓦尔帕及其随从的最初一次真正大胆的进攻外，弗朗西斯

---

[1] Penisular，西班牙位于欧洲西南部的伊比利亚半岛。——译者注

[2] Francisco de Zurbarán，1598—1664 年。

[3] Diego Velázquez，1599—1660 年。

科·皮萨罗领导的西班牙人并非靠自己的力量推翻了帝国。此外，除了疾病和瘟疫，他们还总能依靠心怀不满的本土族群中的盟友。这些盟友包括北部的卡纳里人和查查波亚人，沿海的奇穆人和安第斯山脉中部的万卡人和昌卡人。印加派系，或称帕纳卡，也与西班牙征服者结盟，其中最重要的包括保柳·印加，瓦伊纳·卡帕克的另一个后裔。

话虽如此，西班牙人在卡哈马卡抓获阿塔瓦尔帕这一事件还是改变了两方交战的策略。印加统治权的垂直性质意味着阿塔瓦尔帕被抓获后，印加的领导层实际上瘫痪了。阿塔瓦尔帕在自己被俘前，突然处决了他的前对手瓦斯卡尔，排除了印加抵抗西班牙的一个明显的候选人，这是对西班牙人及其长期意图的严重误判。西班牙人的意图就是要征服印加帝国。阿塔瓦尔帕提出了大量的金银作为赎金，西班牙人接受了：双方都在等待时机，都希望从这种情况中取得某种优势。然而，迂回战术符合西班牙人的利益。收集赎金使征服者得以侦察帝国包括库斯科在内的大片地区，并为新的援军的到来争取了时间。最初包括弗朗西斯科·皮萨罗的伙伴迭戈·德·阿尔马格罗[1]，以及另外 150 人，而不久之后，更多来自中美洲的士兵和冒险家也来到了这里。

---

[1] Diego de Almagro，1475—1538 年。

说句题外话，迭戈·德·阿尔马格罗的援军中至关重要的是他带来的50匹马和骑兵。在西班牙人到来之前，安第斯山脉没有马，而骑兵在战场上的出现相对于其微不足道的数量而言，产生了大得不成比例的影响。在刚遇到骑兵的时候，印加人根本不知道如何对付他们。西班牙骑士团的骑兵冲锋足以引起当地军队的恐慌，导致大量的围歼和屠杀。难怪在卡哈马卡，骑兵从战利品中获得的报酬是步兵报酬的十倍以上。最初，安第斯人认为骑兵和马匹是一个整体。此外，马嘴里的马衔，在原住民看来是马要吃金属，西班牙人有意助长这种想法，因为这使马看起来更加凶猛，并为他们对贵金属的持续需求提供了依据。事实上，当埃尔南多·皮萨罗[1]来到帕查卡马克的海岸神庙，决心将其洗劫一空时，他在地上的金银财宝中藏了一些玉米，以表明马在吃金属，因此圣庙必须被拆除，以喂饱这些披着华丽斗篷的野兽。

再说到卡哈马卡和阿塔瓦尔帕的囚禁，弗朗西斯科·皮萨罗利用这段时间来试探本土首领和潜在的盟友，所以在印加国王因莫须有的罪名被处决后，1533年离开卡哈马卡的军队是一支西班牙人和本地人组成的混合部队。此时，西班牙人已经将王位交给了一系列印加傀儡统治者中的第一位，他就是图帕克·瓦尔帕（Túpac Hual-

[1] Hernando Pizarro，弗朗西斯科·皮萨罗同父异母的兄弟。

pa），或称托帕尔帕（Toparpa），是瓦伊纳·卡帕克和他的妻子帕拉·钦普·托图·科卡（Palla Chimpu Tucto Coca）所生的儿子。他只担任了几个月的傀儡，就在前往库斯科的途中死亡，可能是被当时同为西班牙人俘虏的阿塔瓦尔帕的将军查尔科奇马毒死的。下一个印加傀儡是曼科·印加，他是瓦伊纳·卡帕克的另一个儿子，也是阿塔瓦尔帕清洗瓦斯卡尔家族时的幸存者。

多方面信息似乎表明，曼科·印加选择了他的兄弟保柳·印加作为共同统治者，后者履行了许多类似于15世纪帕恰库特·印加·尤潘基的共同统治者托帕·阿马鲁的职责和义务。正常情况下，保柳·印加（受洗后改名为克里斯托瓦尔·保柳·印加）不会被认为是共同统治或王位的优先候选人，因为他自己是瓦伊纳·卡帕克的儿子，而且他与瓜拉斯酋长或领主的女儿阿尼亚兹·科尔克结了婚。因此，他在库斯科没有母系家族的支持。保柳·印加娶了瓦伊纳·卡帕克的女儿托克托·乌西卡（Tocto Ussica），也就是他同父异母的妹妹，这意味着她的帕纳卡为他的诉求提供了迟来的合法性，但事实上，他仍然只有在内战后大清洗和西班牙入侵导致印加帝国全面崩溃后的动荡环境中才有可能登上王位。

这两位，曼科·印加和保柳·印加，为印加人对西班牙人征服安第斯山脉的不同反应确立了基调。曼科·印加只做了两年西班牙

图 44　曼科 · 印加，比尔卡班巴的萨帕印加，选自波马 · 德 · 阿亚拉《新纪事与良好政府》(1615)

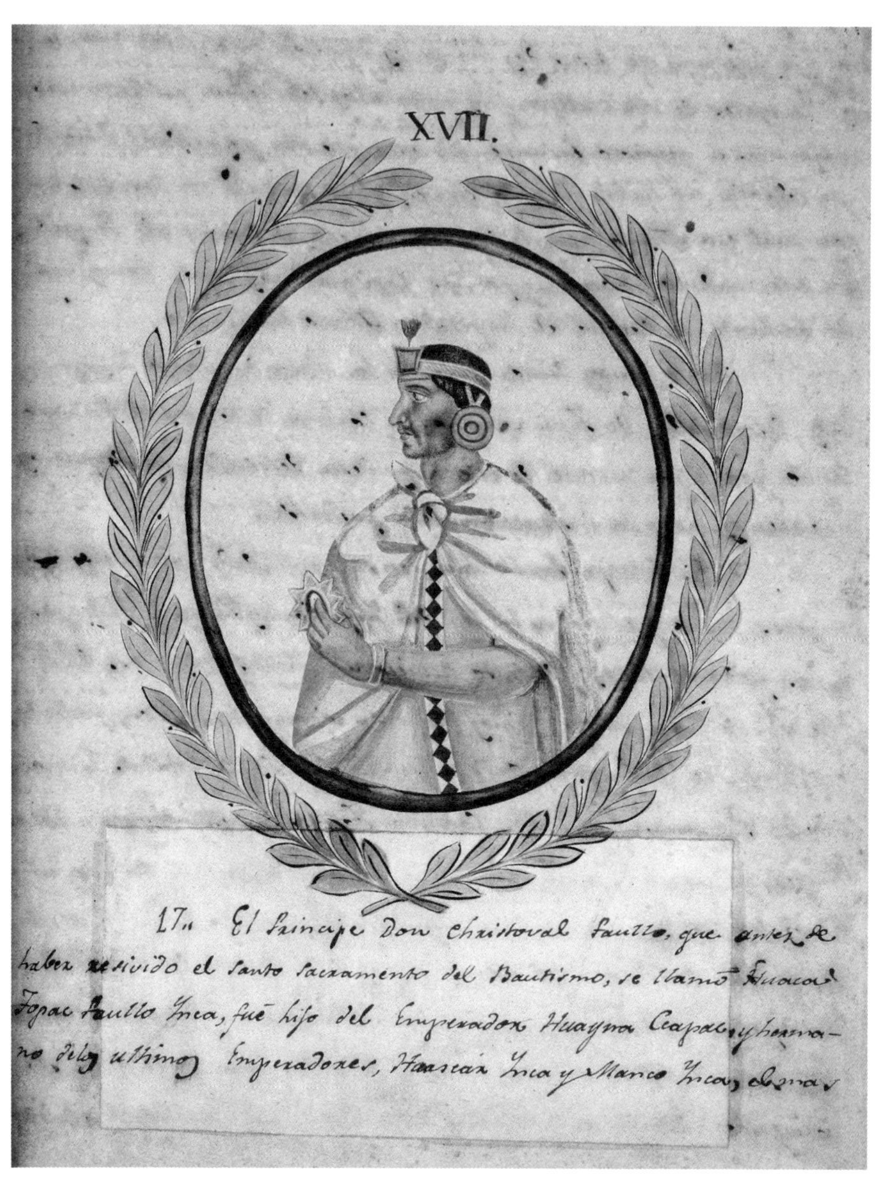

图 45　克里斯托瓦尔·保柳·印加，西班牙人统治下库斯科的萨帕印加。选自胡斯托·阿普·萨瓦拉拉·印加的手稿“秘鲁君主制的回忆，或印加历史草图”（1838）

人的傀儡，1536 年，他举起了反抗西班牙人的旗帜。与此同时，他的兄弟保柳·印加正在广袤的南部科利亚苏尤为曼科·印加和西班牙人战斗。曼科·印加的起义持续了两年（1535—1537 年），但他无法占领库斯科或利马，也无法驱除西班牙人和他们的盟友，最后起义失败。利马的官方名称是雷耶斯城（Ciudad de los Reyes），或“国王之城”（city of kings），它成了即将成为西班牙总督辖区的秘鲁（成立于 1542 年）的新首都。1539 年曼科·印加的第二次叛乱也无果而终。那时，他受到围捕，几乎被抓获，他逃到库斯科西北约 150 千米处雨林低地的比尔卡班巴。在那里，他建立了一个新的印加王国，并通过他以及他的三个儿子将统治延续到了 1572 年。

1537 年，保柳·印加随同西班牙人迭戈·德·阿尔马格罗的军队返回，说服了曼科·印加放弃对库斯科的围攻，并逃往他在比尔卡班巴的雨林中的堡垒。保柳·印加迅速评估形势，并证明了自己对西班牙人的忠诚和价值，他填补了兄长留下的真空，自己夺取了王位。在此过程中，保柳·印加做了每一个有影响力的印加人都会做的事：支持他的派系。在这方面，他取得了很大的成功，直到他的孙子梅尔乔·卡洛斯·印加[1]挥霍掉了他可观的遗产。与曼科·印加不同的是，保柳·印加选择了和解之路，并收获了忠诚带

[1] Melchor Carlos Inca，1574—1610 年。

图 46　《皮萨罗擒获秘鲁印加王》，约翰·埃弗里特·密莱司，1846 年，布面油画

来的回报。谴责保柳·印加是背叛他的人民的卑劣之徒是很容易的，但这种修正主义的批评与库斯科的本土贵族和平民中对保柳·印加的死亡非常真实的悲伤和哀悼格格不入，他们出席了他 1544 年的葬礼。保柳·印加做了选择，就像曼科·印加所做的那样，许多臣民追随他。后来的历史可能会诋毁他，但在当时，他的许多同胞认同其决定。

也就是说，印加帝国作为一个独立的本土政权的丧钟早已经敲响：北方的阿塔瓦尔帕与南方的瓦斯卡尔之间的残酷战争，让不同省份之间相互对抗，导致了印加帝国结构的彻底瓦解，政府在内战的压力下垮台了。在这种冲突的背景下，疾病又增添了新的苦难。1532 年 5 月，当阿塔瓦尔帕战胜了瓦斯卡尔时，弗朗西斯科·皮萨罗在秘鲁北部的通贝斯登陆。虽然叛乱、冲突甚至内战一直是印加王朝继位危机的主要原因，但这一次西班牙人的到来让一切都变得不同了。在此情况下，在一个才被自相残杀的战争撕裂的虚弱帝国，经济萎靡、管理松散、疾病横行、省份失控，这些因素构成了完美的风暴。由此，一个帝国的命运已经注定，剩下的，正如人们所说，就是历史了。

第8章

从现在看过去

印第安人幸福吗？应该是幸福的，因为他们如此热切地怀念过去。

——路易·博丹（Louis Baudin），

《社会主义帝国：秘鲁的印加人》

（*A Socialist Empire*：*The Incas of Peru*）（1961）

传统上，1532年的溃败被认为是印加帝国的终结，虽然这种看法很大程度上是正确的，但这并不是故事的全部。正如我们在序言中提到的，虽然印加文明可能被认为是一种史前——或至多是一种原史——文化，但它在过去五百年里在欧洲殖民下崩溃意味着两件事。第一，我们可以比其他原史时期文化更生动地了解印加文化，通过民族史和早期历史著作了解居住和生活在这片新被征服的安第斯地区的人们。大多数史前文化都不是这样，即使是欧洲铁器时代（约公元前1200年—公元50年）的原史文化也不是这样，这些文化通常只是通过古典作家来了解的。可获得的信息量也有不同的量级。这些信息的获得基本上是一个保存的问题：显然，现存的16—17世纪的文献比公元1世纪或更早的文献要多得多。

第二，分析印加文明要注意的另一个重要因素是，印加帝国的灭亡并不意味着安第斯人生活方式的终结。从这个意义上说，虽然安第斯文化在与西班牙殖民者的接触中发生了很大的变化，并与之融合，但它仍然是一种鲜活的，而不是死去的文化，如同古希腊或古罗马文化一样。安第斯文化在极端压力和艰苦条件下的坚韧幸存，从安第斯现存的一流民族志和在安第斯山脉，特别是高地上原住民社区的存在中，都得到了证明。安第斯诸国的现代旅游业充分利用了这种真实性，尽管这种真实性已经被欧洲近五百年的介入不可逆转地改变了。

然而，我们不应低估已经发生的重大破坏和混乱。事实上，印加人，以及同时期的奇穆人、瓦伊拉斯人、昌卡人等，仍然鲜为人知（尽管有些关于奇穆及其他族群的文献，包括王朝名单，确实存在），我们的大部分有关知识都是从考古发现而不是历史文献中得到的，这足以说明欧洲殖民对南美洲的影响有多么巨大。印加人口下降的幅度很大（在很短的时间内减少了过去事件的潜在受访者数量），而西班牙人对本土生活方式的细枝末节不感兴趣，因而无法深入了解安第斯和印加文化历史的广阔全景。此外，印加奇普用绳结“书写”的语言，其难以理解的性质意味着我们对安第斯山脉的历史认识基本上缩减到与欧洲人接触之前的 100—150 年间。从根本上说，这意味着在 16 世纪早期，西班牙的编年史学家仍然有可能采访到当地的亲历者，他们有民间记忆和故事，可以讲述大约在 1532 年西班牙人到达安第斯山脉之前的一个世纪前后发生的事情。

从历史的角度来看，追溯安第斯文化更早的发展史实变得越来越困难和带有主观性。就此而言，考古学成了我们的首选工具，用以填补我们对这些更遥远时代的知识中存在的巨大空白。

西班牙在南美洲的殖民不是单方面的事情。这种被称为“哥伦布大交流”[1] 的跨大陆迁移，从包括从疾病到农作物和动物在内的各个方面，彻底改变了世界，导致了第一次真正的全球化。如今，人们很难想象某些特定国家的食物中没有番茄或辣椒，但它们都来自美洲。更具体地说，作为世界第四大主要作物的土豆是在安第斯地区驯化的。玉米也对全球家庭经济作出了巨大贡献，南瓜、大豆和花生也是如此。尽管如此，欧洲产品也给当地居民带来了好处。例如，他们引进了小麦和水稻，还有葡萄、橄榄和香蕉。

然而，最大的变化可能是关于动物的。南美洲大型有蹄类动物屈指可数，尽管有两种动物——羊驼和骆马——提供了人类所知的最好的天然纤维，但欧洲旧大陆有许多其他动物，包括牛、猪、山羊和绵羊。所有这些动物都比美洲本土动物繁殖得更快，且分别提供了更多的奶、肉和皮毛。此外，旧大陆的驮运动物与难以负重的美洲驼是不同的。马、骡子、驴彻底改变了整个美洲的旅行、信息传递和运输方式。反过来，这也意味着维护印加道路网络——卡帕

[1] Columbian Exchange，哥伦布是意大利航海家，他在1492年开始的第一次航行中，到达了美洲大陆。——译者注

克路——的大部分区域，尤其是作为连接他们新建立的总督辖区的交通动脉的客栈，是符合西班牙利益的。这确保了大部分的卡帕克路——现称皇家大道（*Camino Real*）——得以保存下来，直到 20 世纪早期。

就马而言，一些南美洲本土民族，例如马普切人（Mapuche），对马及其使用非常适应，因此他们逐渐成为令人生畏的骑士。马普切人直到 20 世纪初才被彻底打败并被强行融入智利。就像他们在北美大平原的表亲，如夏安族（Cheyenne）、科曼奇族（Comanche）或苏族（Sioux）一样，如果不考虑马在他们各自文化中所具有的内在价值，就很难理解这些族群。作为一种超越纯粹功能性的价值观，骑马，以及随之而来的突袭和狩猎成为这些文化中获得男子气概和社会威望的重要元素。这是一种令人难以置信的文化发展，因为驯化的马 15 世纪晚期才被引入美洲。

虽然南美洲种植的农产品种类和饲养的牲畜随着欧洲人的到来发生了很大的变化，但公共生活的节奏——19 世纪西班牙哲学家米格尔·德·乌纳穆诺[1]称之为“数百万人没有历史的沉默生活”——却丝毫没有改变，尤其是在高地地区。区分沿海地区和高地是很重要的。西班牙是一个海洋帝国，因此沿海地区的原住民比

[1] Miguel de Unamuno，1864—1936 年。

高地地区的居民首先经历了更快的变化。本土安第斯人倾向于守旧，包括保留使用他们的母语，特别是盖丘亚语和艾马拉语，这些语言最终于 19 世纪和 20 世纪在更僻静的高地上慢慢恢复。西班牙人改变土地所有权和聚落地点，原住民被重新安置或疏散——*reducciones*，字面意思是“减少”——到新的殖民城镇，这些行为经常受到被动的抵制，因此，前西班牙时期家庭分散居住的聚落形态仍在延续。有时，原住民们会将田野里的主屋和新城镇里的临时小屋结合起来使用，因为他们需要与西班牙殖民当局打交道，比如进行人口普查、办理婚丧事宜等。

虽然某些印加帝国和安第斯的制度已经消失或被纳入更大范围的西班牙殖民上层建筑，但其他一些制度则被西班牙人推翻。例如，印加殖民者在大多数情况下收拾行装返回他们原先的社区，特别是如果当初的迁徙还留在人们的记忆中。围绕阿伊鲁建立的社区是一个强大的组织，继续充当地方当局的代表。同时，劳工制度，即地方民众对印加帝国的服务义务，被西班牙人全盘接受——但现在称为 *mita*。劳工制度被殖民当局以各种不同的方式采用，作为一种社区税收的形式，用于国家认可的工作，包括基础设施、农业和最重要的采矿业。从一开始，劳工制度就给当地居民增加了很大的压力，随着时间的推移，它变得越来越难以忍受。它是间歇性反抗殖民统治的叛乱和起义背后的主要催化因素之一，特别是在动荡的 18 世纪。

西班牙的采矿劳工制度是最苛刻的，也是最令人厌恶的国家义务。有两个矿井尤其引起了当时和现在大多数人的注意：波托西银矿（玻利维亚）和万卡韦利卡汞矿（秘鲁）。在早期西班牙殖民南美洲期间，这两家是最大的采矿企业，但在安第斯高地上还分布着许多规模较小的矿场。上述两个矿场的工作条件都很恶劣，在它们经营的几个世纪里，长期工人的预期寿命明显低于 40 岁。事实上，位于万卡韦利卡的圣巴巴拉汞矿的条件如此恶劣，以至于它有“死亡矿场”的外号。在波托西矿场银汞冶炼过程中使用的有毒朱砂（硫化汞）意味着，由于接触汞，仅在该矿场工作 6 个月实际上就是判了死刑。在万卡韦利卡的劳工义务通常持续一年。一些社区居民会故意砍掉他们儿子的一只手，使其残疾，以避免成为西班牙的矿场劳工。

安第斯的宗教习俗也保存了下来，并适应了基督教的输入。在这一领域，甚至从一开始，印加或本土世界观和制度的抵抗、修正和延续就一直存在。事实再一次表明，古老的生存方式在人烟稀少的高地上更容易留存。除了在比尔卡班巴的新的印加王国（公元 1537—1571 年），对早期西班牙殖民地最大的威胁可能是“塔基翁戈伊”（Taqui Ongoy）运动（约公元 1564—1572 年）。通过“塔基翁戈伊”运动，失望和不满的当地社区成员渴望回到他们的过去，与之相伴的是化身为瓦卡的神明和精灵。考虑到在这个时期，许多神的雕像、庙宇、护身符和神龛已经被摧毁，祭司已经被驱散，而相对于其他表现形式，瓦卡据说能够通过个人的身体占有来呈现自己。因此，瓦卡呼吁回归传统的信仰，并鼓励人们载歌载舞来获得新生。事实上，“塔基翁戈伊”可以宽泛地理解为“跳舞的疾病”，它奇怪地让人想起19世纪末北美本土的“幽灵舞”（Ghost Dance），这种舞蹈同样是世界末日到来的媒介，能够带来原住民的重生。在殖民主义的压迫下，这样的千禧年主义运动在许多其他的本土文化中是很常见的。“塔基翁戈伊”相信跳舞和祭祀会让瓦卡给西班牙人和他们当地的爪牙带来神的惩罚，把他们都扫荡到海里，同时预示着回到传统的生活方式。

当局对此非常重视，这也是西班牙殖民政府发起去除偶像崇拜运动的主要原因之一。这被称为西班牙宗教裁判所（Spanish Inquisition）的衍生物，是国家认可的大清洗，重点是寻找和摧毁偶像、庙宇和安第斯宗教的所有用具，并清除社区里的本土男女祭司。有趣的是，这些清洗、镇压和最终的妥协导致安第斯信仰被纳入基督教，创造了一种奇怪的融合，其中基督教圣徒经常取代安第斯的神灵，但又突出他们具有瓦卡的力量。如此，秘鲁中部沿海地区著名的帕查卡马克神谕成为“奇迹之主”（Señor de los Milagros）的基督形象，它能够减弱地震，保护弱势群体。在安第斯高原上，闪电被尊为世上最强大的神灵之一，成为圣地亚哥的 *mata Moros* 或 *mata*

Indios（圣詹姆斯摩尔或印第安杀手）。圣地亚哥的典型形象是身骑骏马，手持长矛，践踏异教徒或“印第安人”。在安第斯人的想象中，长矛是利用闪电的有用的工具，因此这位圣人被归为当地的闪电神。此外，在征服时期，“圣地亚哥”是西班牙人在进攻时使用的战斗口号。再加上他们使用的火炮和长枪，在当地居民看来，这一定是尤拉帕的真实形象，从而使得圣地亚哥后来很容易与雷电联系在一起。此外，圣地亚哥从古至今都是牛群的守护神，也是为丰收提供水源的神，这与安第斯的闪电神一样。

最终，折中之途便是融合或混合，原住民对西班牙人的外来入侵的反抗会导致安第斯人对事物（比如天主教）的独特看法。这种融合在今天仍然存在，圣徒和十字架与有灵性的山脉和对帕查玛玛（大地女神）的崇敬相互碰撞。事实上，直到最近福音派教会在南美洲兴起，才严重破坏了当地信仰的融合，导致人们远离了对这片土地及其圣徒的安第斯基督教（Andino Christian）崇拜，转而更严格地信奉一个遥远且没有任何特定的安第斯内涵的基督教上帝。如今，这种新兴的激进派福音主义与安第斯基督教争夺原住民大众的心灵、灵魂和思想。现在说何方将拥有最终的影响力还为时过早，尽管考虑到安第斯人过去面对外来文化冲击时的韧性，可能是本土文化，也许在经历变更后，将再次抑制这些新的力量（或者将其修正到符合当地的世界观）。

图 47　印第安杀手圣地亚哥雕像，位于库斯科阿马斯广场孔帕尼亚耶稣大教堂外

至于印加人，他们最初也以各种方式从外来征服的混乱中幸存下来。在与西班牙接触的最初几个世纪和 19 世纪早期，在南美洲的克里奥尔共和国反对西班牙而争取独立的斗争期间，印加王朝的后裔仍然存在。最初，这是西班牙人在库斯科的傀儡国王保柳·印加和新的印加独立国家比尔卡班巴的曼科·印加，以及他们各自的

直接继承者。

保柳·印加的后代很快就把继承的遗产花光了，以至于当他的孙子梅尔乔·卡洛斯·印加去世时，大部分财富都被碌碌无为的奢侈生活消耗掉了。不幸的是，保柳·印加的最后一个男性后裔没有留下合法的继承人。曼科·印加二世的后代最初的情况要好一些。曼科·印加藏身在森林堡垒中，对年轻的西班牙总督持续施压。在两次叛乱失败后，他改变了自己的作战策略，转而选择不对称战争来对抗西班牙入侵者。在运用这种对抗方式时，新印加人避免直接对抗，而是选择诡计和伏击，他们缺乏现代武器，但对这片土地的了解和他们突袭敌人的能力弥补了这一点。事实上，安第斯山脉广袤无垠的崇山峻岭，一直到 20 世纪都是无数叛乱和革命的关键所在。

因此，16 世纪 30 年代的失败并没有带来抵抗的结束，先是曼科·印加，然后他的儿子们——塞里·图帕克[1]、提图·库西·尤潘基[2]和图帕克·阿马鲁[3]——发起了一场丛林战争，并以比尔卡班巴据点为中心对西班牙人实施骚扰政策。虽然比尔卡班巴王国有四个不同的统治者，但它的存在要归功于曼科·印加和他的儿

[1] Sayri Túpac，1535—1560 年。

[2] Titu Cusi Yupanqui，1529—1571 年。

[3] Túpac Amaru，1545—1572 年。

子提图·库西·尤潘基的领导。这两个人愿意以革新的方式学习、适应和抵制西班牙人的存在。著名的例子是曼科·印加在 1537 年的奥兰塔坦博战役中用缴获的战马和刀剑向西班牙步兵发起冲锋，并在此过程中击溃了他们。

反过来，提图·库西创作了可能是有史以来关于印加帝国最杰出的文献之一。由提图·库西·尤潘基对西班牙牧师马科斯·加西亚口述，前者的梅斯蒂索人秘书马丁·潘多抄录的给西班牙国王腓力三世[1]的辩护书——题为《西班牙人如何抵达秘鲁的历史》（*History of How the Spaniards Arrived in Peru*）——为 1532 年皮萨罗在卡哈马卡与阿塔瓦尔帕的相遇提供了唯一真实的印加视角，并为印加人对安第斯山脉的统治提出了有力的辩护。尽管他们一直留在比尔卡班巴，这两位印加领袖都很擅长利用西班牙的不同派系，甚至在皈依基督教和走出丛林的问题上玩弄外交手腕。所有这些都是为了维护他们新建立的王国的独立性而采取的策略。

曼科·印加的另外两个儿子在应对西班牙人的利益和要求方面则有些无能。塞里·图帕克向西班牙人投降，并在库斯科过着奢侈的生活，但在此之前，他将比尔卡班巴和王冠——流苏王冠是印加国王统治的象征——让给了他那位能干的同父异母兄弟提图·库

[1] Philip Ⅲ，1527—1598 年。

西・尤潘基。与此同时，图帕克・阿马鲁，比尔卡班巴的最后一位具有独立地位的统治者，他轻率地决定接受一种更具本土主义色彩的印加身份，拒绝战争的先进技术，以及他的兄弟和父亲曾经成功运用的外交策略。不幸的是，他短暂的统治时间正好与奥罗佩萨伯爵（Count of Oropesa）弗朗西斯科・德・托莱多的统治时间相吻合，后者是 16 世纪晚期秘鲁总督中最精力旺盛且冷酷无情的一位。弗朗西斯科・德・托莱多总督决心铲除安第斯文化与过去的联系，无论是在信仰领域（破坏当地的瓦卡力量），还是在政治领域（入侵比尔卡班巴，将图帕克・阿马鲁带回库斯科）。在那里，与其伯父阿塔瓦尔帕类似的命运正在等待着图帕克・阿马鲁。1572 年，他在古印加首都的中心广场被斩首，当地人和西班牙人都见证了他的死亡。

事实上，比尔卡班巴的四位统治者都直接或间接地死于西班牙人之手。曼科・印加被西班牙人暗杀，这些西班牙人在比尔卡班巴寻求庇护，他们认为杀死萨帕印加可以讨好西班牙殖民当局。塞里・图帕克很可能是在库斯科被毒死的；提图・库西・尤潘基死于肺炎，一种由西班牙人传入安第斯山脉的疾病；图帕克・阿马鲁被西班牙人处决。随着图帕克・阿马鲁被处决和梅尔乔・卡洛斯・印加在 1610 年去世，萨帕印加的头衔被废弃了，王室幸存者——其中有很多人——开始扮演地方贵族和各地首领的角色，逐渐消失在日益增多的克里奥尔人西班牙殖民地的背景中。即便如此，印加帝国的理想并没有消失，到 16 世纪末，它演变成了 *Incarrí* 神话，一个千禧年的准亚瑟王传说，据说阿塔瓦尔帕被斩首的身体会重新长出头颅，然后复活，并开始重建印加帝国。

尽管这只是一种怀旧的夸张行为，但与南美其他任何类似的复兴主义思想相比，回归印加帝国的想法有更多真实的产物。他们很快就出现了。第一个露面的是佩德罗·博霍尔克斯[1]，也被称为“假冒印加”（False Inca），一个有摩尔血统的西班牙人，他到达南美洲，并获得印加·瓦尔帕（Inca Hualpa）的头衔，据说是瓦伊纳·卡帕克失落的后裔。据说阿根廷西北部的卡尔恰基（Calchaquí）部落在与西班牙人的无情但注定失败的斗争中继承了他的遗产。卡尔恰基部落是否真的相信他是印加国王的后裔已经不为人知了，但他被树立为在这一地区反抗西班牙人的名义首领，并被后者视为一个可信的威胁。佩德罗·博霍尔克斯战败后被俘，他的命运是被关进利马的监狱，1667 年被绞死，头颅被挑在枪尖上。这一事件的重点在于，在非印加民族群体中，比如卡尔恰基人，尽管印加帝国保持着较为松散、间接的控制形式，但印加理想仍然强大到足以团结这些常常互不相容、相互争斗的

---

[1] Pedro Bohórquez，1601—1667 年。

族群。

更重要的是 18 世纪晚期发生在本土族群中的一系列叛乱。这些叛乱冲击了安第斯山脉的中心地带，也就是现在的秘鲁和玻利维亚高地，几乎颠覆了当时存在的西班牙-克里奥尔秩序。玻利维亚的图帕克·卡塔里[1]和秘鲁的何塞·加布里埃尔·图帕克·阿马鲁[2]等首领试图从西班牙人的控制下夺取各自的土地，确保本土王国的独立。两位叛军领袖，以及托马斯·卡塔里[3]和迭戈·克里斯托瓦尔·孔多尔坎奇·卡斯特罗·图帕克·阿马鲁[4]等人，都缅怀帝国时代，将自己视为新印加人，在建立新的本土国家的目标中，他们都宣称拥有这一不朽遗产。确实，何塞·加布里埃尔·图帕克·阿马鲁，出生时取名何塞·加布里埃尔·孔多尔坎奇·诺格拉（José Gabriel Condorcanqui Noguera），自称图帕克·阿马鲁二世，直接借用了最后一个注定要灭亡的比尔卡班巴的萨帕印加——图帕克·阿马鲁的名字，后者两百多年前在库斯科被处决。事实上，何塞·加布里埃尔·图帕克·阿马鲁声称自己是图帕克·阿马鲁的直系后裔，并通过他的血脉追溯到瓦伊纳·卡帕克，即西班牙人到来之前最后一个无可争议的印加国王。尽管这些叛乱都失败

[1] Tupac Catari，1750—1781 年。

[2] José Gabriel Túpac Amaru，1738—1781 年。

[3] Tomás Catari，1741—1781 年。

[4] Diego Cristóbal Condorcanqui Castro Túpac Amaru，1750—1783 年。

了，但它们确实预示着西班牙殖民势力的削弱，这种状况将被克里奥尔精英利用，而正是这些克里奥尔精英，在上一代人的时间里，在南美洲建立各种独立共和国的过程中，挫败了这些原住民的反抗。

作为这一主题的最后补充，有些令人诧异的是，阿根廷独立运动中许多最有威望的领导人，曼努埃尔·贝尔格拉诺[1]，何塞·德·圣马丁[2]和马丁·米格尔·德·戈麦斯[3]，在图库曼会议（Congress of Tucumán）上提出了所谓的“印加计划”（Inca Plan），目的是在库斯科恢复印加的君主立宪制度，建立一个“南美洲联合省”（United Provinces of South America），后来称“拉普拉塔联合省”（United Provinces of the Río de la Plata）。他们的目的是要将权力从蓬勃发展的大都市布宜诺斯艾利斯手中夺走，通过扶植一位印加国王，使南美新兴国家合法化。考虑到欧洲君主统治的偏好，他们认为一个同为君主制的政体比一个共和国家更容易被强权者接受。他们考虑了两位国王人选：迪奥尼西奥·乌丘·印加·尤潘基上校[4]，他是帕恰库特·印加·尤潘基母系一方的直系后裔；还

---

[1] Manuel Belgrano，1770—1820年。

[2] José de San Martin，1778—1850年。

[3] Martín Miguel de Güemes，1785—1821年。

[4] Colonel Dionisio Ucchu Inca Yupanqui y Bernal，生于1760年。

有一位是胡安·巴蒂斯塔·图帕马罗[1]，他是 18 世纪印加叛军图帕克·阿马鲁二世[2]同父异母的兄弟。最终，布宜诺斯艾利斯的抵制和分化使这一计划破产了。然而，这是印加帝国具有持久魅力的又一个标志，所有这些叛乱及其计划都挂着回归库斯科君主制的招牌。现在看来，也许印加复兴计划的一个象征仍然可以从以太阳为中心的阿根廷国旗中瞥见。这个太阳，称为印蒂，这是盖丘亚语对太阳天体的称呼，其实暗指印加的神。

1847 年威廉·希克林·普雷斯科特（William Hickling Prescott）的《秘鲁征服史》（*History of The Conquest of Peru*）出版，重新激发了国际社会对印加的兴趣，还有许多安第斯山脉旅行者的回忆录，如 R. G. 斯奎尔[3]、J. J. 冯·楚迪[4]和安东尼奥·雷蒙迪[5]等人的作品。所有这些都反映了对印加这个失落世界的怀念，通过将印加的治国之道与海因里希·库诺和路易·博丹等人所说的家长式的原始社会主义国家进行比较，这种怀念在 19 世纪末和 20 世纪的政治思想中就更加明显。那时，对南美洲的考古考察已经揭示了

[1] Juan Bautista Tupamaro，1747—1827 年。
[2] Túpac Amaru Ⅱ，1738—1781 年。
[3] R. G. Squier，1821—1888 年。
[4] J. J. von Tschudi，1818—1889 年。
[5] Antonio Raimondi，1824—1890 年。

图 48　《廷塔康契斯的印第安人瓦拉尤一家》，马丁 · 尚比，1934 年，明胶银盐冲印的黑白照片（1978 年冲印）

印加帝国及其在安第斯山脉的前辈的独特性和复杂性。这个印加世界在照片中变得栩栩如生，尤其是秘鲁人马丁·尚比[1]的摄影作品，他努力捕捉安第斯生活方式——被人类学家贴上了各种标签——的精髓，这种生活似乎没有受到现代世界的干扰。他拍摄了大量的考古遗址，尤其是印加遗址的照片，为他拍摄的原住民的肖像提供背景，通过这些肖像，人们可以一窥安第斯文明的悠久历史。

然而，这些对所谓更简朴、更美好的过去生活的赞歌，并不能掩盖这样一个事实：安第斯山脉的原住民曾经是，在许多方面仍然是，他们所在的现代社会的底层，也往往是被压迫、被排斥和被诋毁的阶层。这导致了秘鲁政治哲学家何塞·卡洛斯·马里亚特吉[2]在他开创性的《关于秘鲁国情的七篇论文》（*Seven Interpretative Essays on Peruvian Reality*）中对他称之为“印第安问题”（Indian Question）的思考。对他来说，这个问题的根源在于不平等仍然存在，封建性质的、经济上的不平等，特别是土地不平等，这是 16 世纪西班牙殖民社会形成后的问题。即使马里亚特吉在谈到原住民和印加人时没有掩饰自己的言辞，但我们也不难看出他的同情之处，他甚至将被称为阿伊鲁的安第斯社区作为共和时代秘鲁重建的

[1] Martín Chambi，1891—1973 年，秘鲁摄影家。——译者注

[2] José Carlos Mariátegui，1894—1930 年。

理想和最符合逻辑的机构。马里亚特吉将对马克思主义的理解应用于秘鲁或南美的现实，这是一个号角，在20世纪80年代的革命运动中得到了响应。它还成为玻利维亚前总统埃沃·莫拉莱斯[1]、秘鲁前总统奥兰塔·乌马拉[2]和厄瓜多尔前总统拉斐尔·科雷亚[3]的思想灵感。

在秘鲁，原住民所遭遇的土地分配不均及其他一系列不平等，最终导致了南美洲近代史上唯一的左翼独裁者，即胡安·弗朗西斯科·贝拉斯科·阿尔瓦拉多[4]。他的军事独裁统治比他的生命多持续了三年[5]，并开始了一场范围广泛的土地改革，激起了当地民众400多年来被压抑的希望和愿望，然后这种希望和愿望又被打破了，这必然导致新一波革命热情和骚动的兴起。虽然“光辉道路”[6]将永远与20世纪八九十年代的暴力联系在一起，但关注格瓦拉派[7]革命团体的行动也很重要，比如1982—1997年秘鲁的图帕克·阿马鲁革命运动[8]，以及1986—1992年玻利维亚的图帕

---

[1] Evo Morales，2006—2019年在位。
[2] Ollanta Humala，2011—2016年在位。
[3] Rafael Correa，2007—2017年在位。
[4] Juan Francisco Velasco Alvarado，1910—1977年。
[5] 指1968年阿尔瓦拉多发动政变，建立军政府，1980年秘鲁恢复民选政府。——译者注
[6] Shining Path，秘鲁反政府游击队组织。——译者注
[7] Guevarista，格瓦拉是出生于阿根廷的拉美革命者。——译者注
[8] Túpac Amaru Revolutionary Movement，简称MRTA。

克·卡塔里游击队[1]。MRTA 和 EGTK 的名字都能追溯到比尔卡班巴的最后一个萨帕印加，以及 18 世纪其继任者的化名（*nom de guerre*），二者都试图改善普通秘鲁人和玻利维亚人的困境，特别是那些被剥夺了权力的内陆原住民社区。

虽然所有这些运动最终都失败了，但如今安第斯山脉的原住民对本土历史的自豪感日益增长，他们对本土历史的评价也不断提高，并将其融入他们争取权益和承认的斗争中。这种历史修正的主要根源在于，盖丘亚语被认为是印加人的语言，并与现代秘鲁联系在一起。同样，艾马拉语也因其与中同一期的蒂亚瓦纳科帝国的联系而受到赞誉，有些人认为它直接将所属文化与当地民众、他们的语言以及现代玻利维亚联系在一起。从秘鲁民族党（Peruvian Nationalist Party）的民族主义意识形态，到印加宗教的复兴，以及对大地女神帕查玛玛的崇拜、太阳节（Inti Raymi）和卡帕克节（Capac Raymi）的节日庆典（solstice celebration），都可以看出印加文化的复兴。后者也不仅仅是毫无意义的旅游项目；相反，这是一种消失已久的身份认同的重生。是的，这种身份认同几个世纪以来已经发生了变化，也许它不像一些寻求更深层真相的外国游客所希望的那样“纯粹”，但它最终是真实的和现代的。

---

[1] Ejército Guerrillero Túpac Katari，简称 EGTK。

通过这种方式，以及许多其他微妙的方式，今天的印加仍然鲜活，并与我们同在。那么，回到本书最开始的那个问题，印加文明真的是一种失落的文明吗？确实，但它比失落更复杂，我希望本书在某种程度上呈现了这种固有的复杂性，并探讨了这种复杂性的形式和实质。

文献综述

（以下所提及的引文的完整书目均可在参考文献中找到）

自从16世纪30年代，欧洲人登陆以及弗朗西斯科·皮萨罗和他的昔日同伴们征服了秘鲁王国（*Kingdom of Birú/Pirú*，早期西班牙征服者对其的称呼）以来，对印加的研究就激发了大众和学者的兴趣。这意味着有关印加文明的书籍数量非常庞大，而且还在不断增长。尽管如此，对于那些有兴趣深入研究印加世界的人来说，还是有可能筛选出数种重要文献的。

就此而言，在早期的文献中，有一些书目因其所用材料的细节及质量而引人注目，其中一些材料是根据对当时幸存的原住民的采访编写的。其中，胡安·德·贝坦索斯（Juan de Betanzos）的《印加叙事》（*Narrative of the Incas*）和萨缅托·德·甘博亚的《印加史》非常有趣，因为它们是分别从亲印加和亲西班牙的角度来处理全书内容的。当娶了印加公主的贝坦索斯赞扬印加及其统治模式时，萨缅托却在新任西班牙总督的支持下，竭力表明印加帝国是一个篡位的王国，因此在安第斯地区几乎或根本没有合法性——反过来则为西班牙的统治辩护。在这些早期文献中，提图·库西·尤潘基的著述《西班牙人如何抵达秘鲁的历史》可能是最有趣的，他是第十一代印加国王，也是最后一位无可争议的印加国王瓦伊纳·卡帕克的孙子，它提供了关于西班牙人到达并征服整个帝国的一个完全本土的视角。

稍晚一些的是原住民或混血作家的第一批重要文本。其中有两本是特别典型的：印加·加西拉索·德·拉·维加的《印加皇家评论》和费利佩·瓜曼·波马·德·阿亚拉的《新编年史与善政》（*Nueva Corónica y Buen Gobierno*）。后者由于其别具风格地对印加和早期西班牙殖民地的生活进行双重描绘，以及使用了华丽的西班牙—盖丘亚语混合文体，尤其具有丰富的信息。可追溯到17世纪晚期的文献还有贝尔纳贝·科博关于印加宗教、习俗和帝国历史的两卷本著作。科博的书大量借鉴了当时现存的文献，包括波罗·德·昂德加多现已遗失的关于印加宗教的书，科博的著作是对早期殖民时期西班牙人所理解的复杂帝国不可或缺的介绍。

玛丽亚·罗斯沃罗斯基于21世纪出版的《印加王国史》（*History of the Inca Realm*）可能是基于民族史学资料对印加帝国历史所作的最佳的现代重新编译。她的书对安第斯社会和印加王权的二元性进行了重要的解读，同时拓展了亚纳科纳领主鲜为人知的方面。

也就是说，她对帕纳卡基本的母系性质的解释是真正的重点所在。这个主题由其他作者加以发展，尽管没有人比弗朗西斯科·埃尔南德斯·阿斯泰特（Francisco Hernández Astete）在他的巨著《印加人和他们祖先的力量》（*Los Incas y el poder de sus ancestros*）中做得更出色了。两位作者都证明了安第斯地区的历史上女性的权力和影响力。就此而言，同样是由弗朗西斯科·埃尔南德斯·阿斯泰特所著的《塔万廷苏尤的女人》（*La mujer en el Tahuantinsuyo*），在关于印加帝国女性角色的书中是最为简洁而清晰的。此书揭示了安第斯地区和印加帝国内妇女，尤其是国王的正妻的权力和地位。

还有更多关于印加的现代学术著作，其中包括特伦斯·N. 达特罗伊那部美妙的著作，书名就叫《印加人》（*The Incas*），现在已经出了第二版。它是迄今为止关于印加帝国最全面、最具学术性的一本书，也是所有希望在学术上深耕的人的必读书。与达特罗伊的著作相映成趣的书是加里·厄顿和阿德里亚娜·冯·哈根（Adriana von Hagen）的《印加百科全书》（*Encyclopedia of the Incas*），其中收录了当今最重要的印加历史学家和考古学家撰写的各种主题的简明条目。对于那些希望深入研究印加历史的人来说，阅读安第斯研究的巨著是必需的，比如温德尔·C. 贝内特和朱尼厄斯·B. 伯德（Junius B. Bird）的《安第斯文化史》（*Andean Culture History*）或菲利普·安斯沃思·米恩斯的《安第斯古代文明》。具体到印加文明本身，则有约翰·罗的《库斯科考古导论》（*An Introduction of the Archaeology of Cuzco*）。

约翰·亨明（John Hemming）的《征服印加》（*The Conquest of the Incas*）至今仍然是一本优秀且可读性强的著作，该书主要从历史学的角度关注印加帝国及其衰亡的过程。这本书是继威廉·希克林·普雷斯科特于19世纪完成的同样宏伟的《秘鲁征服史》之后，第一本关于印加帝国覆灭的现代著作，此书在很大程度上借鉴了爱德华·吉本（Edward Gibbon）的《罗马帝国衰亡史》（*Rise and Fall of the Roman Empire*）的写作传统。约翰·亨明开创性地使用了许多在普雷斯科特的书出版之后才被曝光的历史文献。反过来，亨明的书直至最近才被艾伦·科维的《印加启示录》（*Inca Apocalypse*）超越。富兰克林·G. 皮斯（Franklin G. Pease）和他的《库斯科最后的印加人》（*Los Ultimos Incas del Cuzco*）也涉及了相同的主题。

说到印加的专题研究，约翰·罗于1946年写的一篇题为《西班牙征服时期的印加文化》（*Inca Culture at the Spanish Conquest of the Time*）的长文仍然是一篇经典文献，它简洁地提炼了大量的民族史学信息。最新的研究中，马尔蒂·帕西宁的《塔万廷苏尤：印加帝国及其政治组织》（*Tawaninsuyu: El Estado Inca y Su Organización Política*）值得推荐。布莱恩·S. 鲍尔（Brian S. Bauer）的《古代库斯科》（*Ancient Cuzco*）让我们对库斯科的发展和印加帝国的崛起有了更深入的了解。他的著作《印加的圣地》（*The Sacred Landscape of the Inca*）与R. 汤姆·朱伊德马的《库斯科的切克系统》（*The Ceque System of Cuzco*）互相参照，可以解释库斯科地区圣地崇拜和宗教朝圣的错综复杂。

马尔科·库拉托拉·佩特罗基（Marco Curatola Petrocchi）和马里乌什·S. 齐奥尔科夫斯基（Mariusz S. Ziółkowski）编辑的《古代安第斯世界的占卜及神谕》（*Adivinación y oraculos en el mundo andino antiguo*）和塔玛拉·布雷（Tamara Bray）编辑的《瓦卡的考古》（*The Archaeology of Wak'as*）中也探讨了印加宗教，尤其是瓦卡在安第斯宇宙观中的中心地位。萨宾·麦科马克（Sabine MacCormack）的《安第斯宗教：秘鲁早期殖民时期的影像和想象》（*Religion in the Andes: Vision and Imagination in Early Colonial Peru*）对安第斯信仰体系的结局进行了详细的研究，而加布丽拉·拉莫斯（Gabriela Ramos）也在《安第斯的死亡和皈依：利马和库斯科（1532—1670）》（*Death and Conversion in the Andes: Lima and Cuzco, 1532—1670*）中从库斯科（和利马）的角度对同一主题进行了研究。托马斯·贝索姆（Thomas Besom）的《山峰与祭祀》（*Of Summits and Sacrifice*）以及约翰·莱因哈德（Johan Reinhard）和玛丽亚·康斯坦萨·塞鲁蒂（María Constanza Ceruti）的《印加仪式与

圣山》（*Inca Rituals and Sacred Mountains*）中，对活人献祭（卡帕科查，*capacocha*）在印加仪式中的作用进行了更详细的论述，尽管皮埃尔·迪维奥 1976 年的同名文章简洁明了，但仍是必读书目。

回到库斯科，伊恩·S. 法林顿（Ian S. Farrington）在《库斯科：印加世界的城市生活与考古学》（*Cusco：Urbanism and Archaeology in the Inka World*）一书中提供了有关印加古都的确切资料。20 世纪 70 年代，格拉齐亚诺·加斯帕里尼（Graziano Gasparini）和路易丝·马戈利斯（Luise Margolies）撰写了《印加建筑》（*Arquitectura Inka*），随后被译成英语。它对印加建筑的阐述经受住了时间的考验，并得到了更具体的研究的支持，如让-皮埃尔·普罗岑（Jean-Pierre Protzen）的《奥扬泰坦博的印加建筑与建造》（*Inca Architecture and Construction at Ollantaytambo*），以及斯特拉·奈尔（Stella Nair）的《萨帕印加之家：钦切罗的建筑、空间和遗产》（*At Home with the Sapa Inca：Architecture，Space，and Legacy at Chinchero*）。同样，约翰·希斯洛普（John Hyslop）的《印加道路系统》（*The Inka Road System*）和《印加聚落规划》（*Inka Settlement Planning*）直到今天仍然是关于这些特定主题的经典著作。同样，特里·莱文（Terry LeVine）的《印加仓储系统》（*Inka Storage Systems*）仍然是这个主题的研究典范。

印加的外省生活一直是众多著作的主题，迈克尔·A. 马尔帕斯（Michael A. Malpass）编辑的他与索尼娅·阿尔科尼尼（Sonia Alconini）合著的《印加外省》（*Provincinal Inca*）和《印加帝国的遥远省份》（*Distant Provinces in the Inka Empire*）的两本书为这一主题提供了很好的介绍，史蒂夫·J. 斯特恩（Steve J. Stern）的《秘鲁印第安人与西班牙征服的挑战：1640 年的瓦曼加》（*Peru's Indian Peoples and the Challenge of Spanish Conquest: Huamanga to 1640*）是关于早期西班牙殖民统治下外省生活的一本真正令人着迷的书，而诺布尔·大卫·库克（Noble David Cook）的《向死而生：疾病与新大陆征服（1492—1650）》（*Born to Die: Disease and New World Conquest, 1492—1650*）则是关于疾病和瘟疫如何蹂躏新大陆的权威著作。特伦斯·N. 达特罗伊的文章《印加帝国财政》（“Funding the Inca Empire”）对印加帝国的财政运作有很好的解释，此文可以在岛田泉编辑的出色的书中找到，此书就名为《印加帝国》（*The Inka Empire*）。朱利安·耶茨（Julian Yates）在《历史地理杂志》（*Journal of Historical Geography*）上发表了一篇关于卡马约克斯在帝国中的角色的详细研究。

2006 年，布莱恩·鲍尔在《安第斯考古Ⅲ》（*Andean Archaeology Ⅲ*）——由威廉·H. 伊丝贝尔（William H. Isbell）和赫勒恩·西尔弗曼（Helaine Silverman）编辑——上发表了一篇关于印加悬索桥的重要文章，文中对印加悬索桥进行了详细的综述。而加里·

厄顿的《绳结中的印加史》（*Inka History in Knots*）则提供了关于奇普这一主题的最新、亦是最高水平的论文。该书汇集了“哈佛奇普数据库”项目（Harvard Khipu Database Project）多年的研究成果，尤其是卡丽·布雷津及其同事的工作。类似的还有弗兰克·萨洛蒙的《绳索守护者》（*The Cord Keepers*），将奇普研究持续到今天。

关于印加帝国扩张的时间这一复杂问题尚没有专著问世，尽管约翰·罗对这个问题的基本观点和他有关帝国崛起的简短年表可以在他1945年的那篇开创性文章《安第斯地区绝对纪年》（“Absolute Chronology in the Andean Area”）中找到。苏珊·奈尔斯（Susan Niles）的优秀著作《印加历史的形态》（*The Shape of Inca History*）从瓦伊纳·卡帕克统治时期的角度对约翰·罗的印加年表进行了有力的辩护。以更长的扩张时间线为形式的回溯最近成为同行评议期刊上一些文章的主题，有两篇特别值得一提：丹尼斯·E. 奥格本的《重新审视印加帝国扩张的年表》（“Reconceiving the Chronology of the Inca Imperial Expansion”）和埃里克·马什等人的《印加帝国扩张的年代》（“Dating the Expansion of the Inca Empire”）。有趣的是，这两篇文章的结论与菲利普·安斯沃思·米恩斯在他1931年的书中最初提出的关于印加扩张的观点有相似之处。

对于印加帝国发展的现代评估，有两篇文章引人注目。第一篇由布莱恩·鲍尔和艾伦·科维撰写，题为《印加帝国的发展（公元

1000—1400 年）》（“The Development of the Inca State, AD 1000—1400”），对印加帝国最终的崛起进行了全面的描述，而史蒂夫·科西巴（Steve Kosiba）的《地方政治：前印加时代库斯科地区的社会景观》（“The Politics of Locality: Pre-Inka Social Landscapes of The Cusco Region”）则以一个引人入胜的个案研究，阐述了错综复杂的本土主义如何发展出一套共同的社会和物质规范，从而为后来印加的统一开辟了道路。

许多著名学者，如 R. 汤姆·朱伊德马、皮埃尔·迪维奥尔、约翰·罗、彼得·戈斯、凯瑟琳·朱利恩、克斯廷·诺瓦克（Kerstin Nowack）、玛丽亚·罗斯沃罗斯基·德·迪耶斯·坎塞科、富兰克林·G. 皮斯、马尔蒂·帕西宁，以及最近的渡边信也（Shinya Watanabe），都在研究印加王权这个错综复杂的问题。在这些学者的研究中，单一统治者的正统君主政体这一观点由戈斯、朱利恩和罗等人提出，而各种支持非正统君主政体的观点——两人或三人统治——则分别由迪维奥尔、诺瓦克、皮斯、罗斯沃罗斯基和朱伊德马，以及帕西宁和渡边提出。在此情况下，有趣的是，主要是北美的研究人员处于阐述正统观点的最前沿（戈斯、朱利恩和罗），而其他国家的学者（迪维奥尔，法国；诺瓦克，德国；罗斯沃罗斯基和皮斯，秘鲁；朱伊德马，荷兰；帕西宁，芬兰；渡边，日本）则更愿意从不同的角度来解释现有的证据。

虽然民族史学的证据往往是矛盾的，很难厘清，但北美学者倾向于阐述一种观点的事实，充分说明了研究和阐释的传统是如何形成的，特别是在安第斯考古这样年轻的学科中。在北美，尤其美国，有一种创造霸权的阐释学派和叙事的倾向。在此情况下，约翰·罗和约翰·V. 默拉（垂直群岛概念提出者）等人对安第斯考古学产生了深远的影响，并且通过他们的追随者，一直主导着安第斯考古学的某些论述，至今亦然。就像讨论印加帝国扩张的年表一样，人们往往很难反驳这些占主导地位的范式。

在北美以外的地方，安第斯考古研究更加分散和多元。虽然这被认为是在建立对各种安第斯主题阐释时的一个弱点，但也意味着，由于这些阐释与主导的正统理论之间不受约束的关系，它们往往更激进，更愿意接触各种研究模型和概念。然而，我们应该谨慎，这并不意味着他们的研究一贯正确。关于这个主题，包括关于印加是单一君主制、二元制还是更复杂主题的长期争论，渡边信也的《安第斯古代世界的结构》（*Estructura en los Andes Antiguos*）是目前对所有不同观点的最好总结。此书很好地介绍了这个复杂而又迷人的主题。

或许爱德华多·加莱亚诺（Eduardo Galeano）的《受伤的拉丁美洲》（*Open Veins of Latin America*）是对拉丁美洲在西班牙殖民（及共和）时期的恐怖统治和后殖民时期开发的最好记录。而关于安第斯文化坚韧和持久的特质的研究中，凯瑟琳·艾伦（Catherine Allen）的《生活的坚持》（*The Hold that Life Has*）很难被超越，尽管托马斯·阿伯克伦比（Thomas Abercombie）、英奇·博林（Inge Bolin）和彭妮·德朗萨尔（Penny Dransart）等人也有许多优秀的民族志研究。最后，弗朗西斯科·费雷拉（Francisco Ferreira）和比利·琼·伊丝贝尔（Billie Jean Isbell）编辑的《回到村庄》（*A Return to the Village*）审视了当今的安第斯文化，探讨了现代化和全球化对安第斯乡村生活的影响，这是一本精彩的著作。

参考文献

Abercrombie, Thomas A., *Pathways of Memory and Power: Ethnography and History Among an Andean People* (Madison, WI, 1998).

Adamska, Anna, and Adam Mickczynski, "Towards Radiocarbon Chronology of the Inca State", *Boletín de la Misión Arqueológica Andina*, 1 (1996), pp. 35-58.

Adelaar, William F. H., *The Languages of the Andes* (Cambridge, 2004).

Alcock, Susan E., Terence N. D'Altroy, Kathleen D. Morrison and Carla M. Sinopoli, *Empires: Perspectives from Archaeology and History* (New York, 2001).

Allen, Catherine J., *The Hold Life Has: Coca and Cultural Identity in an Andean Community*, 2nd edn (Washington, DC, and London, 2002).

Arce Sotelo, Manuel, "Yakumama, serenas y otras divinidades acuáticas del valle del Pampamarca (Ayacucho)", *Cuadernos Intercul-*

turales, V/8 (2007), pp. 97–119.

Arkush, Elizabeth, *Hillforts of the Ancient Andes: Colla Warfare, Society, and Landscape* (Gainesville, FL, 2011).

Astuhuamán, César, "Los otros Pariacaca: oráculos, montañas y parentelas sagradas", in *Adivinación y oraculos en el mundo andino antiguo*, ed. Marco Curatola Petrocchi and Mariusz S. Ziółkowski (Lima, 2008), pp. 97–119.

Bakewell, *Peter*, *Miners of the Red Mountain: Indian Labor in Potosi, 1545–1650* (Albuquerque, NM, 2010).

Baudin, Louis, *A Socialist Empire: The Incas of Peru* (1961).

Bauer, Brian S., *The Sacred Landscape of the Inca: The Cusco Ceque System* (Austin, TX, 1998).

—, "The Early Ceramics of the Inca Heartland", *Fieldiana*, 31 (1999), pp. 1–156.

—, *Ancient Cuzco: The Heartland of the Inca*, Joe R. and Teresa Long Series in Latin American and Latino Art and Culture (Austin, TX, 2004).

—, "Suspension Bridges of the Inca Empire", in *Andean Archaeology*, Vol. Ⅲ: North and South, ed. William H. Isbell and Helaine Silverman (New York, 2006), pp. 468–493.

—, and Wilton Barrionuevo Orosco, “Reconstructing Andean Shrine Systems: A Text Case from the Xaquixaguana (Anta) Region of Cusco, Peru”, *Andean Past*, V/8 (1998), pp. 73-87.

—, and R. Alan Covey, “The Development of the Inca State (ad 1000-1400)”, in *Ancient Cuzco: Heartland of the Inca*, ed. Brian S. Bauer (Austin, TX, 2004), pp. 71-90.

—, and Lucas C. Kellett, “Cultural Transformations of the Chanka Homeland (Andahuaylas, Peru) during the Late Intermediate Period (ad 1000-1400)”, *Latin American Antiquity*, XXI/1 (2010), pp. 87-111.

—, Lucas C. Kellett and Miriam Aráoz Silva, *The Chanka: Archaeological Research in Andahuaylas (Apurimac), Peru* (Los Angeles, CA, 2010).

—, and Charles Stanish, *Ritual and Pilgrimage in the Ancient Andes: The Islands of the Sun and the Moon* (Austin, TX, 2001).

Bennett, Wendell C., “Chimu Archeology”, *Scientific Monthly*, XIV/1 (1937), *pp.* 35-48.

—, *Excavations at Wari, Ayacucho, Peru* (New Haven, CT, 1953).

—, and Junius B. Bird, *Andean Culture History*, 2nd edn. (New

York, 1960) Bernand, Carmen, *The Incas: People of the Sun* (New York, 1994).

Besom, Thomas, *Of Summits and Sacrifice: An Ethnohistoric Study of Inka Religious Practices* (Austin, TX, 2009).

Betanzos, Juan de, *Narrative of the Incas* (Austin, TX, 1996).

Binford, Lewis R., "Archaeology as Anthropology", *American Antiquity*, XXVIII/2 (1962), pp. 217-225.

Bird-David, Nurit, "Animism Revisited: Personhood, Environment, and Relational Epistemology", *Current Anthropology*, XI (1999), pp. 67-91.

Bolin, Inge, *Rituals of Respect: The Secret of Survival in the High Peruvian Andes* (Austin, TX, 1998).

Bray, Tamara L., ed., *The Archaeology of Wak'as: Explorations of the Sacred in the Pre-Columbian Andes* (Boulder, CO, 2015).

Brezine, Carrie, "Algorithms and Automation: The Production of Mathematics and Textiles", in *The Oxford Handbook of the History of Mathematics*, ed. Eleanor Robson and Jacqueline Stedall (New York, 2008), pp. 468-494.

Brown, Kendall W., "Workers Health and Colonial Mercury Mining at Huancavelica, Peru", *The Americas*, IVIII/4 (2001), pp. 467-496.

Butzer, Karl W., "Cattle and Sheep from Old to New Spain: Historical Antecedents", *Annals of the Association of American Geographers*, IXXVIII/1 (1988), pp. 29–56.

Cobo, Bernabé, *History of the Inca Empire* (Austin, TX, 1979).

—, *Inca Religion and Customs* (Austin, TX, 1990).

Conrad, Geoffrey W., and Arthur A. Demarest, Religion and Empire: *The Dynamics of Aztec and Inca Expansionism* (Cambridge, 1984).

Cook, Noble David, *Demographic Collapse: Indian Peru, 1520–1620* (Cambridge, 1981).

—, *Born to Die: Disease and New World Conquest, 1492–1650* (Cambridge, 1998) Cornejo, Luis, "Sobre la cronología del inicio de la imposición cuzqueña en. Chile", *Estudios Atacameños*, 47 (2014), pp. 101–116.

Costin, Cathy, "Housewives, Chosen Women, Skilled Men: Cloth Production and Social Identity in the Late Pre-Hispanic Andes", *Archaeological Papers of the American Anthropological Association*, 8 (1998), pp. 123–141.

Covey, R. Alan, "Chronology, Succession, and Sovereignty: The Politics of Inka Historiography and its Modern Interpretation", *Comparative Studies in Society and History*, XIVIII/1 (2006), pp. 169–199.

—, *Inca Apocalypse: The Spanish Conquest and the Transformation of the Andean World* (Oxford, 2020).

Cunow, Heinrich, *Geschichte Und Kultur Des Inkareiches. Ein Beitrag Zur Kulturgeschichte Altamerikas* (Amsterdam, 1937).

Curatola Petrocchi, Marco, and Mariusz S. Ziółkowski, eds., *Adivinación y oraculos en el mundo andino antiguo* (Lima, 2008).

D'Altroy, Terence N., *Provincial Power in the Inca Empire* (Washington, DC, 1992).

—, "Remaking the Social Landscape: Colonization in the Inka Empire", in *The Archaeology of Colonial Encounters: Comparative Perspectives*, ed. Gil J. Stein (Santa Fe, NM, 2005), pp. 263–296.

—, *The Incas*, 2nd edn. (Oxford, 2014).

—, "Funding the Inca Empire", in *The Inka Empire: A Multidisciplinary Approach*, ed. Izumi Shimada (Austin, TX, 2014), pp. 97–120.

—, and Timothy Earle, "Staple Finance, Wealth Finance, and Storage in the Inka Political Economy (with Comment)", *Current Anthropology*, XXVI/2 (1985), pp. 187–206.

—, Veronica I. Williams, and Ana Maria Lorandi, "The Inkas in the Southlands", in *Variations in the Expression of Inka Power*, ed.

Richard L. Burger, Craig Morris and Ramiro Matos Mendieta (Washington, dc, 2007), pp. 85–133.

Delaere, Christophe, José M. Capriles and Charles Stanish, "Underwater Ritual Offerings in the Island of the Sun and the Formation of the Tiwanaku State", *PNAS*, CXVI/17 (2019), pp. 8233–8238.

Denevan, William M., *Cultivated Landscapes of Native Amazonia and the Andes* (Oxford, 2001).

Demarest, A., *Viracocha: The Nature and Antiquity of the Andean High God* (Cambridge, MA, 1981).

Dillehay, Tom D., *The Settlement of the Americas: A New Prehistory* (New York, 2001).

—, Herbert H. Eling Jr. and Jack Rossen, "Preceramic Irrigation Canals in the Peruvian Andes", *PNAS*, CII/47 (2005), pp. 17241–17244.

Donkin, Robin Arthur, *Agricultural Terracing in the Aboriginal New World* (Tucson, AZ, 1979).

Dransart, Penny Z., *Earth, Water, Fleece and Fabric: An Ethnography and Archaeology of Andean Camelid Herding* (London, 2002).

Duviols, Pierre, "La capacocha: mecanismo y función del sacrificio humano, su proyección, su papel en la política integracionista y en la economía redistributiva del Tawantinsuyu", *Allpanchis Phuturinqa*, IX (1976), pp. 11–57.

—, "La dinastia de los Incas: Monarquia or Diarquia? Argumentos heuristicos a favor de una tesis estructuralista", *Journal de la société des américanistes*, CXVI (1979), pp. 67–83.

Eeckhout, Peter, ed., *Arqueología de la costa central del Perú en los periodos tardíos* (Lima, 2004).

Farrington, Ian S., "The Archaeology of Irrigation Canals, with Special Reference to Peru", *World Archaeology*, XI/3 (1980), pp. 287–305.

—, *Cusco: Urbanism and Archaeology in the Inka World* (Gainesville, FL, 2013) Ferreira, Francisco, and Billie Jean Isbell, eds., *A Return to the Village: Community Ethnographies and the Study of Andean Culture in Retrospective* (London, 2016).

Galeano, Eduardo, *Open Veins of Latin America: Five Centuries of the Pillage of a Continent* (New York, 1997).

Gasparini, Graziano, and Luise Margolies, *Arquitectura Inka* (Caracas, 1977) Glowacki, Mary, "Food of the Gods or Mere Mortals? Hallucinogenic Spondylus and Its Interpretive Implications for Early Andean Society", *Antiquity*, 79 (2005), pp. 257–268.

Godoy, R., *Mining and Agriculture in Highland Bolivia: Ecology, History, and Commerce among the Jukumanis* (Tucson, AZ, 1990).

Gose, Peter, "The Past Is a Lower Moiety: Diarchy, History, and Divine Kingship in the Inka Empire", *History and Anthropology*, IX/4 (1996), pp. 383-414.

Gramsci, Antonio, *The Modern Prince and Other Writings* (New York, 1957) Grobman, Alexander, et al., "Preceramic Maize from Paredones and Huaca Prieta, Peru", *PNAS*, CIX/5 (2012), pp. 1755-1759.

Guaman Poma de Ayala, Felipe, *Nueva corónica y buen gobierno* (Lima, 1993) Guthrie, Stewart Elliott, *Faces in the Clouds: A New Theory of Religion* (Oxford, 1993).

Harlan, Jack R., "Agricultural Origins: Centers and Noncenters", *Science*, CIIV/4008 (1971), pp. 468-474.

Hastorf, Christine A., "The Effect of the Inka State on Sausa Agricultural Production and Crop Consumption", *American Antiquity*, IV/2 (1990), pp. 262-290.

Hemming, John, *The Conquest of the Incas* (London, 1970).

Hernández Astete, Francisco, *La mujer en el Tahuantinsuyo* (Lima, 2002).

—, "Las panacas y el poder en el Tahuantinsuyo", in *Dinámicas del poder*: *historia y actualidad de la autoridad andina*, ed. Chantal Caillavet and Susan Elizabeth Ramírez (Lima, 2008), pp. 29–45.

—, *Los Incas y el poder de sus ancestros* (Lima, 2012).

Hyland, Sabine, "Writing with Twisted Cords: The Inscriptive Capacity of Andean *Khipus*", *Current Anthropology*, 58 (2017), pp. 412–419.

Hyslop, John, *The Inka Road System* (Orlando, FL, and London, 1984).

—, *Inka Settlement Planning* (Austin, TX, 1990).

Ioannidis, Alexander G., et al., "Native American Gene Flow into Polynesia Predating Easter Island Settlement", *Nature*, 583 (2020), pp. 572–577.

Isbell, William H., and Gordon F. McEwan, eds., *Huari Administrative Structure*: *Prehistoric Monumental Architecture and State Governement* (Washington, DC, 1991).

Julien, Catherine J., *Reading Inca History* (Iowa City, IA, 1990) Kamen, Henry, *Spain*, *1469 – 1714*: *A Society of Conflict* (London, 2014) Kolata, Alan L., *The Tiwanaku* (Oxford, 1993).

—, *Ancient Inca* (Cambridge, 2013).

Kosiba, Steve, "The Politics of Locality: Pre–Inka Social Landscapes of the Cusco Region", in *The Archaeology of Politics: The Materiality of Political Practice in the Past*, ed. P. Johansen and A. Bauer (Newcastle, 2011), pp. 114–150.

Kus, James S., "The Chicama–Moche Canal: Failure or Success? An Alternative Explanation for an Incomplete Canal", *American Antiquity*, XIIX/2 (1984), pp. 408–415.

Lane, Kevin, "Through the Looking Glass: Re–assessing the Role of Agro– pastoralism in the North–central Andean Highlands", *World Archaeology*, XXXVIII/3 (2006), pp. 493–510.

—, and Gabriela Contreras Ampuero, "An Inka Administrative Site in the Ancash Highlands, North–central Andes", *Past*, 56 (2007), pp. 13–15.

—, Oliver Huaman, Luis Coll, Alexander G. Pullen, David Beresford–Jones and Charles French, "De fronteras y enclaves: la presencia Nasca en la sierra de Ica (260 a. C. –640 d. C.)", *Boletín de Arqueología pucp*, 22 (2017), pp. 117–132.

Lapolla, Alberto J., "La Patria Grande Perdida: El Congreso de Tucumán y El proyecto del Rey Inca de Belgrano, San Martín y Güemes", 2005, www. elhistoriador. com.

Letchman, Heather, "Technologies of Power: The Andean Case", in *Configurations of Power*: *Holistic Anthropology in Theory and Practice*, ed. Patricia J. Netherley (Ithaca, NY, 1993), pp. 244–280.

LeVine, Terry Y., *Inka Storage Systems* (Norman, OK, 1992).

Lindo, John, Randall Haas, et al., "The Genetic Prehistory of the Andean Highlands 7000 years bp though European Contact", *Science Advances*, IV/11 (2018).

Lopes Machado, C., "Cronología del Estado Inca", *Estudios Atacameños*, 18 (1999), pp. 133–140.

MacCormack, Sabine, *Religion in the Andes*: *Vision and Imagination in Early Colonial Peru* (Princeton, NJ, 1993).

—, "¿Inca o Español? Las identidades de Paullu Topa Inca", *Boletin de Arqueologia pucp*, 8 (2004), pp. 99–109.

MacQuarrie, Kim, *The Last Days of the Incas* (New York, 2008).

Malpass, Michael A., *Provincial Inca*: *Archaeological and Ethnohistorical Assessment of the Impact of the Inca State* (Iowa City, IA, 1993).

—, "Variability in the Inca State: Embracing a Wider Perspective", in *Provincial Inca*: *Archaeological and Ethnohistorical Identification of the Impact of the Inca State*, ed. Michael A. Malpass (Iowa City,

IA, 1993), pp. 234–244.

—, and Sonia Alconini, *Distant Provinces in the Inka Empire: Toward a Deeper Understanding of Inka Imperialism* (Iowa City, IA, 2010).

Marsh, Erik J., Ray Kidd, Dennis Ogburn and Víctor Durán, "Dating the Expansion of the Inca Empire: Bayesian Models from Ecuador and Argentina", *Radiocarbon*, IIX/1 (2017), pp. 117–140.

Maza, Jesús, "Introducción al estudio arqueológico del canal prehispánico Huiru Catac, cuenca alta de Nepeña: Tecnología Hidráulica para integrar la puna, los valles interandinos y la costa", *Arkinka*, 265 (2017), pp. 78–87.

Means, Philip Ainsworth, *Ancient Civilizations of the Andes* (New York and London, 1931).

Medinaceli, Ximena, "Paullu y Manco ¿una Diarquía Inca En Tiempos de Conquista?", *Bulletin de l'Institut Français d'Etudes Andines*, 36 (2007), pp. 241–258.

Medrano, Manny, and Gary Urton, "Toward the Decipherment of a Set of Mid-colonial Khipus from the Santa Valley, Coastal Peru", *Ethnohistory*, 65 (2018), pp. 1–23.

Mengoni, Guillermo L., and Hugo D. Yacobaccio, "The Domestication of South American Camelids: A View from the South-central Andes", in *Documenting Domestication: New Genetic and Archaeological Paradigms*, ed. Melinda A. Zeder, Daniel G. Bradley, Eve Emshwiller and Bruce D. Smith (Berkeley, CA, 2006), pp. 228-244.

Moore, Jerry D., and Carol J. Mackey, "The Chimú Empire", in *Handbook of South American Archaeology*, ed. Helaine Silverman and William H. Isbell (New York, 2008), pp. 783-808.

Morris, Craig, "Inka Strategies of Incorporation and Governance", in *Archaic States*, ed. Gary M. Feinman and Joyce Marcus (Santa Fe, NM, 1998), pp. 293-310.

Moscovich, Viviana, *El Khipu y la yupana: administración y contabilidad en el Imperio Inca* (Arequipa, 2016).

Moseley, Michael, *The Maritime Foundations of Andean Civilization* (Menlo Park, CA, 1975).

Murra, John V., "Herds and Herders in the Inca State", in *Man, Culture and Animals: The Role of Animals in Human Ecological Adjustments*, ed. Anthony Leeds and Andrew P. Vayda (Washington, DC, 1965), pp. 185-215.

—, "An Aymara Kingdom in 1567", *Ethnohistory*, XV/2 (1968), pp. 115-151.

—, *La organización económica del estado Inca* (Mexico City, 1978) .

—, " 'El Archipélago Vertical' Revisited", in *Andean Ecology and Civilization: An Interdisciplinary Perspective on Andean Ecological Complementarity*, ed. S. Masuda, I. Shimada and C. Morris (Tokyo, 1985), pp. 3-14.

—, "The Limits and Limitiations of the 'Vertical Archipelago' in the Andes", in *Andean Ecology and Civilization: An Interdisciplinary Perspective on Andean Ecological Complementarity*, ed. S. Masuda, I. Shimada and C. Morris (Tokyo, 1985), pp. 15-20.

—, "Cloth, Textile, and the Inca Empire", in *The Peru Reader*, ed. Orin Starn, Iván Degregori and Robin Kirk, 2nd edn. (Durham, 2005), pp. 55-69.

Nair, Stella, *At Home with the Sapa Inca: Architecture, Space, and Legacy at Chinchero* (Austin, TX, 2015) .

Nickel, Cheryl, "The Semiotics of Andean Terracing", *Art Journal*, XIII/3 (1982), pp. 200-203.

Niles, Susan, *The Shape of Inca History: Narrative and Architecture in an Andean Empire* (Iowa City, IA, 1999) .

Nowack, Kerstin, *Ceque and More: A Critical Assessment of R. Tom*

Zuidema's Studies on the Inca (Bonn, 1998).

Ochsendorf, John, "Engineering Analysis for Construction History: Opportunities and Perils", *Second International Congress on Construction History* (2006), pp. 89-107.

Ogburn, Dennis E., "Dynamic Display, Propaganda, and the Reinforcement of Provincial Power in the Inca Empire", *Archaeological Papers of the American Anthropological Association*, XIV/1 (2004), pp. 225-239.

—, "Reconceiving the Chronology of the Inca Imperial Expansion", *Radiocarbon*, IIV/4 (2012), pp. 219-237.

Ortloff, Charles R., *Water Engineering in the Ancient World: Archaeological and Climate Perspectives on Societies of Ancient South America, the Middle East and South-east Asia* (Oxford, 2010).

—, Michael E. Moseley and Robert A. Feldman, "Hydraulic Engineering Aspects of the Chimu Chicama—Moche Intervalley Canal", *American Antiquity*, XIVII/4 (1982), pp. 572-595.

Pardo Grau, Cecilia, and Gary Urton, eds., *Khipus* (Lima, 2020).

Park, C. C., "Water Resources and Irrigation Agriculture in Pre-Hispanic Peru", *Geographical Journal*, CXIIX/2 (1983), pp. 153-166.

Pärsinnen, Martti, *Tawantinsuyu: El estado inca y su organización política* (Lima, 2003).

—, "Collasuyu of the Inka State", in *The Inka Empire: A Multidisciplinary Approach*, ed. Izumi Shimada (Austin, TX, 2015), pp. 265-286.

Pease, Franklin G. Y., *Los últimos incas del Cuzco* (Lima, 2004).

Perri, Angela, et al., "New Evidence of the Earliest Domestic Dogs in the Americas", *American Antiquity*, IXXXIV (2019), pp. 68-87.

Pickersgill, Barbara, "Domestication of Plants in the Americas: Insights from Mendelian and Molecular Genetics", *Annals of Botany*, c/5 (2007), pp. 925-940.

Potter, Ben A., et al., "Current Evidence Allows Multiple Models for the Peopling of the Americas", *Science Advances*, 4 (2018).

Prescott, William Hickling, *History of the Conquest of Peru* (New York, 1847).

Prieto, Gabriel, et al., "A Mass Sacrifice of Children and Camelids at the Huanchaquito - Las Llamas Site, Moche Valley, Peru", PLOS One, 14 (2019).

Protzen, Jean-Pierre, *Inca Architecture and Construction at Ollantaytambo* (Oxford, 1993).

Pulgar Vidal, Javier, *Geografía del Perú: Las ocho regiones naturales* (Lima, 1967).

Quesada, Marcos N., "El diseño de las redes de riego y las escalas sociales de la producción agrícola en el 1er milenio dc (Tebenquiche Chico, Puna de Atacama)", *Estudios Atacameños*, 31 (2006), pp. 31–46.

Raimondi, Antonio, *Colección Estudios Geológicos y Mineros Para La Obra "El Perú": El Departamento de Ancachs* (Lima, 2006).

Ramírez, Susan Elizabeth, "Negociando el Imperio: El estado Inca como culto", in *Dinámicas del poder: historia y actualidad de la autoridad andina*, ed. Chantal Caillavet and Susan Elizabeth Ramírez (Lima, 2008), pp. 5–18.

Ramos, Gabriela, *Death and Conversion in the Andes: Lima and Cuzco, 1532–1670* (Notre Dame, 2010).

Reinhard, Johan, and María Constanza Ceruti, *Inca Rituals and Sacred Mountains: A Study of the World's Highest Archaeological Sites* (Los Angeles, CA, 2010).

Rostworowski, María, *Estructuras andinas del poder: Ideología religiosa y política* (Lima, 1983).

—, *Conflicts over Coca Fields in xvith–century Peru* (Ann Arbor, mi, 1988) .

—, *Costa Peruana Prehispánica* (Lima, 1989) .

—, "Breve Ensayo sobre el Señorio de Ychma", in *Costa Peruana Prehispánica*, ed. M. Rostworowski (Lima, 1989), pp. 71–78.

—, *History of the Inca Realm* (Cambridge, 1999) .

—, and Pilar Remy, *Las Visitas a Cajamarca 1571 – 1572/1578: Documentos* (Lima, 1985) .

Rowe, John H. , *An Introduction to the Archaeology of Cuzco* (Cambridge, MA, 1944) .

—, "Absolute Chronology in the Andean Area", *American Antiquity*, X/3 (1945), pp. 265–284.

—, "Inca Culture at the Time of the Spanish Conquest", in *Handbook of South American Indians*, ed. Julian H. Steward (Washington, DC, 1946), pp. 183–330.

—, "Archaeological Explorations in Southern Peru, 1954–1955", *American Antiquity*, XXII/2 (1956), pp. 135–151.

—, "Stages and Periods in Archaeological Interpretation", *Southwest Journal of Anthropology*, 18 (1962), pp. 40–54.

—, "La Constitucion Inca Del Cuzco", *Histórica*, IX/1 (1985), pp. 35–73.

—, "La Supuesta 'Diarquia' de Los Incas", *Reviste Del Instituto Americano de Arte Del Cusco*, 14 (1994), pp. 99–107.

Salomon, Frank, " 'The Beautiful Grandparents': Andean Ancestor Shrines and Mortuary Ritual as Seen Through Colonial Records", in *Tombs for the Living: Andean Mortuary Practices*, ed. Tom D. Dillehay (Washington, DC, 1995), pp. 315–353.

—, *The Cord Keepers: Khipus and Cultural Life in a Peruvian Village* (Durham, 2004).

—, Carrie Brezine, Gino de las Casas and Víctor Falcón, "Los khipus de Rapaz en casa: un complejo administrativo-ceremonial centroperuano", *Revista andina*, 43 (2006), pp. 59–92.

—, and Stuart B. Schwartz, eds., *The Cambridge History of the Native Peoples of the Americas* (Cambridge, 1999).

Sancho de la Hoz, *Pedro*, *Relación de La Conquista Del Perú* (New York, 1917) Sandoval, José R., et al., "Genetic Ancestry of Families of Putative Inka. Descent", *Molecular Genetics and Genomics*, 293 (2018), pp. 873–881.

Santa Cruz Pachacuti Yamqui, Joan, *Relación de antiguedades deste reyno del Pirú* (Lima and Cusco, 1993).

Sarmiento de Gamboa, Pedro, *History of the Incas* (London,

1999）.

Scarborough, Vernon L. , *The Flow of Power*: *Ancient Water Systems and Landscapes* （Santa Fe, NM, 2003）.

Schroedl, Annette, "La Capacocha Como Ritual Político: Negociaciones en torno al poder entre Cuzco y los curacas", in *Dinámicas del poder*: *historia y actualidad de la autoridad andina*, ed. Chantal Caillavet and Susan Elizabeth Ramírez （Lima, 2008）, pp. 19–27.

Seaman, Rebecca M. , *Conflict in the Early Americas*: *An Encyclopedia of the Spanish Empire's Aztec*, *Incan*, *and Mayan Conquests* （Santa Barbara, CA, 2013）.

Shimada, Izumi, ed. , *The Inka Empire*: *A Multidisciplinary Approach* （Austin, TX, 2015）.

Silverman, Helaine, and William H. Isbell, eds. , *Handbook of South American Archaeology* （New York, 2008）.

Squier, Ephraim George, *Peru*: *Incidents and Explorations in the Land of the Incas* （New York, 1877）.

Stern, Steve J. , *Peru's Indian Peoples and the Challenge of Spanish Conquest*: *Huamanga to 1640*, 2nd edn. （Madison, WI, 1993）.

Taylor, Gerald, "Camac, Camay y Camasca en el manuscrito quechua de Huarochirí", in *Camac*, *Camay y Camasca*, ed. Gerald Taylor （Lima,

2000), pp. 1-19.

Treacy, John M., and William M. Denevan, "The Creation of Cultivated Land through Terracing", in *The Archaeology of Garden and Field*, ed. Naomi F. Miller and Kathryn L. Gleason (Philadelphia, PA, 1994), pp. 91-110.

Trigger, Bruce G., "Monumental Architecture: A Thermodynamic Explanation of Symbolic Behaviour", *World Archaeology*, XXII/2 (1990), pp. 119-132.

Tschudi, Johann Jakob von, *Reise Durch Südamerika* (Leipzig, 1866).

Tylor, E. B., *Primitive Culture: Religion in Primitive Culture* (New York, 1958).

Unamuno, Miguel de, *En Torno al Casticismo* (Madrid and Barcelona, 1866).

Urton, Gary, *At the Crossroads of Earth and Sky: An Andean Cosmology* (Austin, TX, 1988).

—, *The History of a Myth: Paqaritambo and the Origin of the Inkas* (Austin, TX, 1990).

—, *Inca Myths* (Austin, TX, 1999).

—, *Inka History in Knots: Reading Khipus as Primary Sources*

(Austin, TX, 2017) .

—, and Carrie J. Brezine, "Khipu Typologies", in *Their Way of Writing: Scripts, Signs, and Pictographics in Pre-Columbian America*, ed. E. H. Boone and Gary Urton (Washington, DC, 2011), pp. 319-352.

—, and Adriana von Hagen, eds., *Encyclopedia of the Incas* (Lanham, MY, 2015) .

Vasquez de Espinoza, Antonio, *Compendium and Description of the West Indies* (Washington, DC, 1942) .

Vega, Garcilaso de la, *The Incas: The Royal Commentaries of the Incas* (Lima, 1979) .

Vega-Centeno, Rafael, "Economías Tardías: Producción y Distribución En Los Andes Centrales Antes y Durante La Expansión Del Tawantinsuyu (900-1532 d. C.) ", in *Historia económica del antiguo Perú*, ed. Peter Kaulicke, Hugo C. Ikehara, Rafael Segura Llanos and Rafael Vega-Centeno (Lima, 2019), pp. 403-533.

Villegas Páucar, Samuel, "¿Indio o Criollo? Identidad Etnica Del Diputado Dionisio Inca Yupanqui En Las Cortes de Cadiz", *Nueva Corónica* (2013), Vol. I, pp. 1-10.

Vivanco Pomacanchari, Cirilo, "Obras Hidráulicas de Etapa Prehis-pánica En Huaccana, Chincheros – Apurímac", *Arqueologia y Sociedad*, 30 (2015), pp. 315–333.

Watanabe, Shinya, *Estructura en los Andes Antiguos* (Yokohama, 2013).

Yates, Julian S., "Historicizing 'Ethnodevelopment': Kamayoq and Political–economic Integration across Governance Regimes in the Peruvian Andes", *Journal of Historical Geography*, XIVI (2014), pp. 53–65.

Yupanqui, Titu Cusi, *History of How the Spaniards Arrived in Peru* (Indianapolis, IN, and Cambridge, 2006).

Zuidema, R. Tom., *The Ceque System of Cuzco: The Social Organization of the Capital of the Inca* (Leiden, 1964).

—, "Hierarchy and Space in Incaic Social Organization", *Ethnohistory*, XXX/2 (1983), pp. 49–75.

—, "Inca Religion: Its Foundations in the Central Andean Context", in *Native Religions and Cultures of Central and South America*, ed. Lawrence E. Sullivan (New York and London, 2002), pp. 236–253.

致谢

一年前，早在我开始认真考虑这个演讲之前，我就给它起了一个相当滑稽的题目——“考古学：历史学的侍女”。

——艾弗·诺埃尔·休姆（Ivor Noel Hume），1964

本书的重点是关注印加崛起背后的原因和事件，帝国的崩溃及其遗产。我可以真诚地说这是一次愉快的经历。然而，如果没有他人的支持和鼓励，这项任务是不可能完成的，其中就包括布莱恩·雷耶斯（Brian Reyes）、蒂姆·莫尔（Tim Mohr）和安德鲁·卡内萨（Andrew Canessa）。韦罗妮卡·格兰特（Veronica Grant）是阿根廷拉康布雷（La Cumbre）的一名退休教师，曾经是我发掘工作中的考古志愿者，她担任了本书大量内容的文字编辑工作。珍妮弗·格兰特（Jennifer Grant）、亚历克斯·赫雷拉（Alex Herrera）、让-保尔·拉丹（Jean-Paul Latin）和埃里克·马什帮助编辑了个别章节，他们在这方面的贡献同样是无比珍贵的。路易斯·科尔

(Luis Coll) 负责本书中所有的地图和图片。对于瑞科书社（Reaktion Books），我非常感谢本·海斯（Ben Hayes），他委托我写这本书，也感谢迈克尔·利尔曼（Michael Leaman）在我写本书之前一直密切关注我。在整个过程中，埃米·索尔特（Amy Salter）是一位令人愉快的合作伙伴，也是一位优秀的编辑，而亚历克斯·乔巴努（Alex Ciobanu）则是本书挑选图片的艰难过程中的指路明灯。也要感谢菲比·科利（Phoebe Colley），她在编辑这份书稿时做了非常棒的工作，还要感谢外聘图书设计师西蒙·布坎南（Simon Buchanan），是他设计了丛书中这本美丽的书。我只希望我的文字能够做到不辜负你们所有的共同努力。

弗兰克·梅登斯（Frank Meddens）慎重的评论使最终的文本更有说服力；我很感激他，尤其是他在西班牙编年史中孜孜不倦地寻找那些暗示西班牙战马具有“吃金属”能力的段落，以及它们对当地民众想象力的影响。我也感谢韦罗妮卡·威廉姆斯和埃里克·马什分别就殖民者和印加年表的主题提出了宝贵的建议。我永远感谢另外两位剑桥安第斯“火枪手”，亚历克斯·赫雷拉和大卫·贝雷斯福德-琼斯（David Beresford-Jones）。两位都是不可多得的考古现场的伙伴，我们关于安第斯考古学的广泛对话一直是我洞察力和灵感的主要来源。作为想法、主题和概念的宣传媒介，他们几乎没有对手。在这方面，我还必须算上乔治·劳（George Lau）：他的建议既自信又冷静，总是受到欢迎。在秘鲁，我要感谢马里奥·阿德温库拉（Mario Advincula）和奥利弗·瓦曼·奥罗斯（Oliver Huaman Oros），他们关于印加考古的富有成效的对话是这些知识的源泉。说到英国，我要感谢我以前的博士导师伊丽莎白·德马雷（Elizabeth DeMarrais），是她让我爱上了考古学理论。

本书的许多主题，特别是第二章、第六章和第七章，最初是 2011—2012 年受亚历山大·冯·洪堡基金（Alexander von Humboldt Fellowship）资助在柏林自由大学（Freie Universität）的访学期间，在迈克尔·迈耶（Michael Meyer）的启发下发展起来的。我感谢他对我的信任。第三章扩展了蒂姆·因索尔（Tim Insoll）在《牛津仪式与宗教考古学手册》（*Oxford Handbook of the Archaeology of Ritual and Religion*，2011）中发表的另一篇文章中首次提出的观点。

我妻子、同为考古学同行的珍妮弗·格兰特也一直是我的鼓励和灵感之源。感谢我儿子托马斯（汤米）的耐心。最后，我要感谢音乐组合洛斯·贝尔金（Los Belking's）、弗朗索瓦兹·哈代（Françoise Hardy）、洛斯·沙恩（Los Shain's）、表演者（The Showmen）、邹邹（Zouzou），以及秘鲁和法国新浪潮音乐（New Wave），还有“北方灵魂”（Northern Soul），他们是我一路走来的音乐伙伴。

图片提供鸣谢

本书作者和出版方向下列为我们提供或准许我们复制图片资源的个人和机构表示感谢，为成书简洁起见，部分艺术作品的所在地也罗列其中：

Biblioteca Nacional del Perú，Lima：p. 204；Brooklyn Museum，ny：pp. 87，180，181；The Cleveland Museum of Art，oh：p. 103；courtesy Luis Coll：pp. 10，16，62，63，95；photo courtesy Jennifer Grant：p. 133；photo courtesy Oliver Huaman Oros：p. 113；Det Kongelige Bibliotek，Copenhagen（gks 2232 4°）：pp. 101，107，203；photos Kevin Lane：pp. 32，53，76（下图），89，97，111，115，116，117，127，128，129，133，192；© 2022 Martín Chambi Archive/digital image© 2022 The Museum of Modern Art/Scala，Florence：p. 226；The Metropolitan Museum of Art，New York：pp. 1，52；Q?rius，The Coralyn W. Whitney Science Education Center，National Museum of Natural History，Smithsonian Institution，Washington，dc：p. 123；photo courtesy Bill Sillar：p. 50；Wiktor Szymanowicz/Alamy

Stock Photo：p. 218；Victoria and Albert Museum，London：p. 206；Christian Vinces/Shutterstock. com：p. 26；The Walters Art Museum，Baltimore，md：p. 29.

第 78 页图片的版权所有者吉米·哈里斯（Jimmy Harris）和第 6 页图片的版权所有者比阿特丽斯·默奇（Beatrice Murch）在知识共享署名 2.0 通用许可协议（Creative Commons Attribution 2.0 Generic License）规定的条件下，将这些图片发布到网上。第 135 页图片的版权所有者比尔·西蒙（Bill Simon）在知识共享署名-相同方式共享 2.0 通用许可协议（Creative Commons Attribution-Share Alike 2.0 Generic License）规定的条件下将其发布到网上。布鲁克林博物馆（Brooklyn Museum）是第 76 页（上）和第 106 页图片的版权所有者，他们在知识共享署名 3.0 未移植许可协议（Creative Commons Attribution 3.0 Unported License）规定的条件下将这些图片发布到网上。第 28 页图片的版权所有者伯纳德·加尼翁（Bernard Gagnon）；帕拉代斯·斯芬克斯（Paradais Sphynx），第 131 页图片的版权所有者；马丁·圣阿曼（Martin St-Amant），第 118—119 页图片的版权所有者；第 96 页图片的版权所有者斯特瓦奇（Stevage）；以及凯尔·塞耶（Kyle Thayer），第 20 页图片的版权所有者，他们在知识共享署名-相同方式共享 3.0 未移植许可协议（Creative Commons

Attribution-Share Alike 3.0 Unported License）规定的条件下将图片发布在网上。迭戈·德尔索（Diego Delso），第 4 页和第 194—195 页图片的版权所有者；托马斯·福尔曼（Thomas Fuhrmann），第 136 图片的版权所有者；以及阿迦汗（Aga Khan），第 99 页图片的版权所有者，他们在知识共享署名-相同方式共享 4.0 国际许可协议（Creative Commons Attribution-Share Alike 4.0 International License）规定的条件下将图片发布到网上。读者可以自由分享——复制和以任何媒介或格式重新发布图片材料；可以改编——为任何目的（甚至商业目的）重新合成、转换和构建这些图片材料。根据以下条款：署名——您必须给出适当的出处，提供得到许可的链接，并指出是否进行了更改。您可以以任何合理的方式这样做，但不得以任何方式暗示许可或认可您或您的使用。相同方式共享——如果您对图片材料进行重新合成、转换或构建，您必须在与原始文献相同的许可协议下发布您的成果。

重要译名对照

阿班凯	Abancay
阿波·查尔科·尤潘基	Apo Challco Yupanqui
阿尔卡维萨	Alcaviça
阿卡里河	Acarí
阿拉亚拉	Arayraca
阿马鲁·托帕·印加	Amaru Topa Inca
阿尼亚兹·科尔克	Añaz Colque
阿普里马克	Apurímac
阿普里马克河	Apurimac River
阿斯佩罗	Aspero
阿塔古朱	Ataguju
阿塔古朱-卡特奎尔	Ataguju-Catequil
阿塔瓦尔帕	Atahualpa
阿托克	Atoc
阿瓦潘提	Ahuapanti

阿雅·奥卡	Ayar Auca
阿雅·卡奇	Ayar Cachi
阿雅·曼科	Ayar Manco
阿雅·乌丘	Ayar Ucho
阿亚库乔	Ayacucho
阿亚玛卡	Ayarmaca
埃尔南多·皮萨罗	Hernando Pizarro
艾伦·科拉塔	Alan Kolata
艾马拉语	Aymara
安巴托河	Ambato River
安东尼奥·巴斯克斯·德·埃斯皮诺萨	Antonio Vázquez de Espinoza
安东尼奥·德·拉·卡兰查	Antonio de la Calancha
安敦宁王朝	Antonine dynasty
安赫利纳·尤潘基	Angelina Yupanqui
安塔西亚斯	Antasayas
安塔族	Anta
安提苏尤	Antisuyu
奥兰塔·乌马拉	Ollanta Humala

奥兰塔坦博战役	Battle of Ollantaytambo
奥罗佩萨伯爵	Count of Oropesa
巴里亚卡卡	Pariacaca
白令海峡	Bering Strait
班杜里亚	Bandurria
保柳·印加	Paullu Inca
比尔卡班巴	Vilcabamba
波克族	Poques
波托西矿场	Potosi
布拉斯·巴莱拉	Blas Valera
C. 庞塞·桑希内斯	C. Ponce Sanginés
查查波雅人	Chachapoya
查尔科奇马	Chalcochima
查卡斯	Charkas
查文德万塔尔	Chavín de Huántar
查文	Chavín
昌昌王国	Chan Chan
昌卡联盟	Chanca Confederation
昌卡战争	Chanca Wars

楚基·奥克略	Chuqui Ocllo
楚蒙考尔	Chumun Caur
的的喀喀盆地	Titicaca Basin
的的喀喀湖	Lake Titicaca
迪奥尼西奥·乌丘·印加·尤潘基上校	Colonel Dionisio Ucchu Inca Yupanqui y Bernal
蒂西·卡帕克	Ticsi Capac
蒂亚瓦纳科帝国	Tiahuanaco
迭戈·德·阿尔马格罗	Diego de Almagro
迭戈·克里斯托瓦尔·孔多尔坎奇·卡斯特罗·图帕克·阿马鲁	Diego Cristóbal Condorcanqui Castro Túpac Amaru
菲利普·安斯沃思·米恩斯	Philip Ainsworth Means
腓力三世	Philip Ⅲ
费尔南多·德·蒙特西诺斯	Fernando de Montesinos
费利佩·瓜曼·波马·德·阿亚拉	Felipe Guaman Poma de Ayala
弗朗西斯科·德·托莱多	Francisco de Toledo
弗朗西斯科·皮萨罗	Francisco Pizarro

盖丘亚语	Quechua
冈萨洛·德·塔皮亚	Gonzalo de Tapia
戈登·F. 麦克尤恩	Gordon F. McEwan
“哥伦布大交流”	“Columbian Exchange”
“格兰奇穆”	“Gran Chimú”
去除偶像崇拜	*Extirpación de Idolatrías*
瓜尔帕亚	Gualpaya
瓜拉尼人	Guaraní
瓜里	Guari
瓜曼·阿卡奇	Guaman Achachi
瓜亚基尔湾	Gulf of Guayaquil
瓜伊凯塔基	Guaycaytaqui
关卡·奥基	Guanca Auqui
哈通·豪哈	Hatun Jauja
哈通库拉	Hatunqolla
汉戈	Hango
何塞·加布里埃尔·孔多尔坎奇·诺格拉	José Gabriel Condorcanqui Noguera

何塞·加布里埃尔·图帕克·阿马鲁	José Gabriel Túpac Amaru
何塞·加夫列尔·孔多尔坎奇	José Gabriel Condorcanqui
胡安·巴蒂斯塔·图帕马罗	Juan Bautista Tupamaro
胡安·波罗·德·昂德加多	Juan Polo de Ondegardo
胡安·迭斯·德·贝坦索斯	Juan Diez de Betanzos
胡里奥·C. 泰罗	Julio C. Tello
胡利安·阿帕萨·尼娜	Julián Apaza Nina
胡宁	Junín
华纳库里	Huanacauri
华若	Huaro
基多	Quito
科里坎查	Coricancha
库伊绮（彩虹女神）	K'uychi
基尔克人	Killke
加西拉索·德·拉·维加	Garcilaso de la Vega
杰克·哈兰	Jack Harlan
卡巴略穆埃托	Caballo Muerto
卡查坦博	Cajatambo

卡尔恰基	Calchaquí
卡哈马卡	Cajamarca
卡纳里人	Cañaris
卡涅特	Cañete
卡帕克·瓜里	Capac Guari
卡帕克·尤潘基	Capac Yupanqui
卡帕克节	Capac Raymi
卡帕克路	Capac Ñan
卡帕克托科	Capac Toco
卡萨班巴	Caxabamba
卡特奎尔	Catequil
科查瓜伊拉	Cocha Guailla
科迪勒拉·布兰卡山脉	Cordillera Blanca
科尔卡峡谷	Colca Canyon
科利亚苏尤	Collasuyu
科莱克	Collec
科洛	Collao
科曼奇族	Comanche
科帕卡巴纳	Copacabana

科恰班巴	Cochabamba
科托什宗教传统	Kotosh Religious Tradition
克里奥尔人	Creole
库拉	Cura
库斯科	Cuzco
库斯科山谷	Cuzco Valley
库西·里迈	Cusi Rimay
库西·托帕·尤潘基	Cusi Topa Yupanqui
库西·瓦尔帕	Cusi Hualpa
库西丽梅·奥克略	Cuxirimay Ocllo
奎库萨	Cuicusa
奎斯科	Quesco
奎索·尤潘基	Quizo Yupanqui
奎休村	Quehue
奎兹奎兹	Quizquiz
孔蒂苏尤	Cuntinsuyu
拉阿瓜达文化	La Aguada
拉斐尔·拉尔科·奥伊莱	Rafael Larco Hoyle
拉库阿兹人	Llacuaz

“拉普拉塔联合省”	United Provinces of the Río de la Plata
雷奈伊文化	Recuay
黎明之居	Tavern of the Dawn
利比克	Libiac
利马战役	Battle of Lima
卢帕卡	Lupaca
鲁米纳威	Rumiñavi
鲁帕卡	Rupaca
略克·尤潘基	Lloque Yupanqui
罗拉·奥克略	Raura Ocllo
罗塞塔	Rosetta
玛玛·莎拉（玉米女神）	Mama Sara
玛玛·基利亚（月神）	Mama Quilla
玛玛·阿克索（土豆女神）	Mama Acxo
玛玛科查（湖泊女神）	Mamacocha
玛玛·古柯（古柯女神）	Mama Coca
马丁·潘多	Martin Pando
马科斯·加西亚	Marcos Garcia

马拉斯	Maras
马拉斯托科	Maras Toco
马普切人	Mapuche
马丘比丘	Machu Picchu
马塞尔·莫斯	Marcel Mauss
马乌莱河	Maule River
马尤族	Mayu
玛丽亚·罗斯沃罗斯基·德·迪耶斯·坎塞科	María Rostworowski de Diez Camseco
玛玛·奥克略	Mama Ocllo
玛玛·卡特奎尔	Mama Catequil
玛玛·拉瓦	Mama Raua
玛玛·瓦科	Mama Huaco
玛玛·伊帕库拉	Mama Ipacura
迈克尔·莫斯利	Michael Moseley
迈塔·卡帕克	Mayta Cápac
曼科·卡帕克	Manco Capac
曼科·印加	Manco Inca
曼塔罗河谷	Mantaro Valley

曼特诺文化	Manteño
梅尔乔·卡洛斯·印加	Melchor Carlos Inca
梅斯蒂索人	mestizos
蒙特韦尔德	Monteverde
米格尔·德·乌纳穆诺	Miguel de Unamuno
米格尔·卡贝洛·巴尔沃亚	Miguel Cabello Balboa
明尚卡曼	Minchancaman
莫克瓜谷地	Moquegua Valley
莫切河谷	Moche Valley
莫切文明	Moche
莫希纳	Mohina
穆里汉巴托	Mullihambato
纳斯卡大河谷	Río Grande de Nazca Valley
纳斯卡	Nazca
“南美洲联合省”	United Provinces of South America
内佩纳河	Nepeña
尼南·库尤奇	Ninan Cuyuchi
诺特奇柯（小北文明）	Norte Chico

帕查卡马克	Pachacamac
帕查卡马克-维希玛	Pachacamac-Vichma
帕查玛玛	Pachamama
帕卡里坦博	Pacarictambo
帕拉·钦普·托图·科卡	Palla Chimpu Tucto Coca
帕拉卡斯文化	Paracas
帕恰库特·印加·尤潘基	Pachacutec Inca Yupanqui
庞塞巨石	Ponce Monolith
佩德罗·博霍尔克斯	Pedro Bohórquez
佩德罗·萨缅托·德·甘博亚	Pedro Sarmiento de Gamboa
佩德罗·桑切斯·德·拉·奥斯	Pedro Sánchez de la Hoz
彭普	Pumpu
皮埃尔·迪维奥尔	Pierre Duviols
皮格拉奥	Piguerao
皮基拉克塔	Pikillacta
皮纳瓜	Pinagua
皮乌拉河	Piura
普奇那语	Puquina
奇尔克族	Chilque

奇卡马-莫切渠	Chicama-Moche Canal
奇里帕	Chiripa
奇洛潘帕	Chillopampa
奇穆	Chimor
起伦山谷	Chillón
乔克·胡帕	Choque Huypa
钦查	Chincha
钦察苏尤	Chinchaysuyu
钦切罗斯	Chincheros
朝日神潘乔	Punchao the morning Sun
萨尔塔	Salta
萨克沙瓦曼城堡	Sacsahuamán
萨诺克	Sañoc
塞巴斯蒂安·德·贝拉尔卡萨	Sebastián de Belalcázar
沙基沙瓜纳	Xaquixaguana
上内佩纳	Upper Nepeña
上伊卡流域	Upper Ica Drainage
圣巴巴拉	Santa Barbara
圣克里斯托瓦尔山	Cerro San Cristóbal

圣佩德罗·德·科龙戈	San Pedro de Corongo
苏蒂克	Sutic
苏蒂克托科	Sutic Toco
苏美尔-阿卡德	Sumero-Akkadian
苏族	Sioux
塔基翁戈伊	Taqui Ongoy
塔可·华曼	Tarco Huaman
塔蓬泰	Tarpuntay
塔万廷苏尤	Tahuantinsuyu
太阳节	Inti Raymi
坦博	Tambo
坦博班巴	Tambobamba
坦博科罗拉多	Tambo Colorado
坦博人	Tambos
坦博托科	Tambo Toco
提图·库西·瓜尔帕	Titu Cusi Guallpa
图米潘帕	Tumipampa
图努帕	Thunupa
图帕克·阿马鲁	Túpac Amaru

图帕克·阿马鲁一世	Túpac Amaru Ⅰ
图帕克·阿马鲁二世	Túpac Amaru Ⅱ
图帕克·阿马鲁革命运动	Túpac Amaru Revolutionary Movement, MRTA
图帕克·卡塔里	Túpac Catari
图帕克·卡塔里游击队	Ejército Guerrillero Túpac Katari, EGTK
图帕克·瓦尔帕	Túpac Hualpa
图皮人	Tupí
托克托·奥克略·库卡	Tocto Ocllo Cuca
托克托·乌西卡	Tocto Ussica
托马斯·卡塔里	Tomás Catari
托帕·印加·尤潘基	Topa Inca Yupanqui
托帕尔帕	Toparpa
瓦尔帕文化	Huarpa
瓦里帝国	Huari
瓦里坎加	Huaricanga
瓦马丘科	Huamachuco
瓦努科·潘帕	Huánuco Pampa

瓦斯卡尔	Huascar
瓦伊纳·卡帕克	Huayna Cápac
万查奎托-拉玛斯	Huanchaquito-Las Llamas
万卡	Wanka
万卡韦利卡	Huancavelica
威廉·H. 伊斯贝尔	William H. Isbell
维尔卡诺塔-乌鲁班巴山谷	Vilcanota-Urubamba Valley
维尔卡斯	Vilcas
维拉科查	Viracocha
维拉科查·印加	Viracocha Inca
维拉科查潘帕	Viracochapampa
维拉克·乌木	Villac Umu
温德尔·C. 贝内特	Wendell C. Bennet
乌尔科·瓜拉卡	Urco Guaranca
乌尔科斯族	Urcos
乌尔可·可拉	Ullco Cola
乌库马里	Ucumari
乌鲁班巴山谷	Urubamba Valley
西班牙宗教裁判所	Spanish Inquisition

西坎	Sicán
夏安族	Cheyenne
肖安库斯科	Chauin Cuzco
辛卡尔	Shinkal
辛奇·罗卡	Sinchi Roca
亚历杭德罗·托莱多	Alejandro Toledo
亚瑟·波斯南斯基	Arthur Posnansky
亚瓦尔·瓦卡克	Yahuar Huacac
伊弗雷姆·乔治·斯奎尔	Ephraim George Squier
伊奇玛王国	Ichma
因蒂奥兰	Intiaurán
因卡瓦西	Inkawasi
印蒂-尤拉帕	Inti-Illapa
印加·奥康	Inca Orcon
印加·加西拉索·德·拉·维加	Inca Garcilaso de la Vega
印加·罗卡	Inca Roca
印加·瓦尔帕	Inca Hualpa
印加·瓦伊纳·卡帕克	Inca Huayna Cápac
印加·乌尔孔	Inca Urcon

印加内战	Inca Civil War
印加太平盛世	pax incaica
“幽灵舞”	Ghost Dance
尤拉帕	Illapa
尤耶亚科	Llullaillaco
约翰·V. 默拉	John V. Murra
约翰·罗	John Rowe
约翰·雅努塞克	John Janusek
扎纳山谷	Zaña Valley